VERÖFFENTLICHUNGEN
DES FORSCHUNGSINSTITUTS FÜR WIRTSCHAFTSPOLITIK
AN DER UNIVERSITÄT MAINZ

Herausgegeben von

Helmut Diederich   Otto Gandenberger
Walter Hamm   Erich Welter

Band 42

Das Forschungsinstitut für Wirtschaftspolitik an der Universität Mainz hat ein doppeltes Ziel: Es möchte die Grundlagen der Ordnung der Wirtschaft — Geld, Eigentum und Wettbewerb — untersuchen und hofft, Verbesserungen der geltenden Ordnung vorschlagen zu können. Daneben will das Institut von dem gewonnenen Standpunkt aus zu aktuellen Spezialfragen der Wirtschaftspolitik Stellung nehmen. Es dient weder Interessenten noch Interessentenorganisationen. Die Ergebnisse der wissenschaftlichen Arbeit des Instituts einem breiteren Kreis zugänglich zu machen, ist der Sinn dieser Schriftenreihe.

ÖKONOMISCHE GRENZEN DER STAATLICHEN KREDITAUFNAHME

von

Dr. STEFAN ZIFFZER

DUNCKER & HUMBLOT · BERLIN

Gedruckt 1980 bei Buchdruckerei Bruno Luck, Berlin 65
Printed in Germany
ISBN 3 428 04672 2

Inhaltsverzeichnis

Fünftes Kapitel

Sonderfragen bei den Gemeinden 150

Literaturverzeichnis 176

Personenverzeichnis

Sachwortverzeichnis

Verzeichnis der Tabellen

Verzeichnis der Figuren

Einleitung

Kann Staatsverschuldung zum Zusammenbruch einer Volkswirtschaft beitragen? Ist sie im Gegenteil ein Instrument, das einen sonst möglichen Zusammenbruch zu verhindern hilft? Oder ist sowohl die eine als auch die andere Wirkung im Zusammenhang mit der öffentlichen Kreditaufnahme möglich?

Die Antworten auf diese Fragen bestimmen, ob es Grenzen für die staatliche Kreditaufnahme gibt. Die Nationalökonomen beschäftigen sich zwar schon seit langer Zeit mit der Zulässigkeit und den Grenzen der staatlichen Kreditaufnahme[1], aber es ist auch heute noch umstritten, ob ständig oder nur in Ausnahmefällen ein Teil der Staatseinnahmen über die Kreditaufnahme bestritten werden darf.

Tatsächlich verschulden sich alle westlichen Staaten nicht nur in Ausnahmefällen, sondern ständig und nicht nur aus konjunkturellen Gründen, sondern auch konjunkturunabhängig. Der Streit über die Berechtigung dieser Staatsverschuldung ist auch keineswegs auf die Wissenschaft beschränkt. Er ist besonders in der Bundesrepublik Deutschland in nahezu jeder Haushaltsdebatte beim Bund, bei den Ländern und bei den Gemeinden ein zentraler Punkt der politischen Auseinandersetzung. In dieser Studie wird der Versuch unternommen, einen Beitrag zur Versachlichung der Diskussion zu liefern.

Ohne die Untersuchung von Anfang an in ihrem Ergebnis festzulegen, darf schon zu Beginn vermutet werden, daß eine Staatsverschuldung nicht in jeder beliebigen Höhe möglich ist. Es kommt aber darauf an, Kriterien für die Situationen zu bestimmen, in denen eine Kreditaufnahme sinnvoll und nützlich ist. Ebenso gilt es, Maßstäbe zu entwickeln, an denen

---

1 Vgl. Schmölders, G.: Grenzen der Staatsverschuldung, in: Zeitschrift für das gesamte Kreditwesen, Heft 23, 20. Jg., Frankfurt 1967, S. 14. — Vgl. zur Geschichte des öffentlichen Kredits Willeke, F. U.: Kredit, öffentlicher, Geschichte, in: Handwörterbuch der Sozialwissenschaften, Bd. 6, Tübingen 1959, S. 324 ff. Vgl. auch Brunner, L.: Grenzen der Staatsverschuldung, Zürich 1955, S. 16 ff. und S. 27 f.

die Höhe der jährlichen Neuverschuldung gemessen werden kann. Grenzen der Kreditaufnahme müssen also deutlich machen, wann und in welcher Höhe die Staatsverschuldung zur Einnahmebeschaffung höchstens eingesetzt werden darf oder mindestens eingesetzt werden muß.

Im allgemeinen Sprachgebrauch verbindet man mit dem Begriff Grenze eine eindeutige Trennlinie. So ist etwa eine Staatsgrenze klar umrissen und es ist deutlich erkennbar, wenn jemand diese Grenze überschreitet. In einem solchen Sinne kann der Begriff in dieser Arbeit aber nicht verstanden werden. Es geht vielmehr um die Ermittlung einer Grenzzone oder eines Grenzbereiches, von dem ab die zumutbare Höhe der Kreditaufnahme überschritten wird.

In einem föderativen Staat wie der Bundesrepublik Deutschland stellt sich die Frage nach den Grenzen der Verschuldung nicht nur für die Zentralinstanz, also den Bund, sondern auch für die Länder und die Gemeinden. Wenn im folgenden nicht ausdrücklich etwas anderes vermerkt wird, sind Bund, Länder und die Gemeinden (beziehungsweise Gemeindeverbände) entsprechend der Abgrenzung der Finanzstatistik erfaßt[2].

Die Sozialversicherung und die kommunalen Zweckverbände[3] bleiben außerhalb der Betrachtung. Die Sondervermögen wie Bundesbahn und Bundespost beim Bund sowie die kommunalen Eigenbetriebe bei den Gemeinden werden nur insoweit behandelt, als sie für die Haushalte der zugehörigen Gebietskörperschaften Bedeutung erlangen[4]. Hingegen wer-

[2] Vgl. zur Abgrenzung nach der Finanzstatistik Rahmeyer, F.: Ökonomische und politische Hemmnisse einer Erhöhung der Staatsquote, Köln 1975, S. 35 ff. Zur Abgrenzung nach der Volkswirtschaftlichen Gesamtrechnung vgl. Sachverständigenrat zur Begutachtung der gesamtwirtschaftlichen Entwicklung: Jahresgutachten 1977/78, S. 220.

[3] Kommunale Zweckverbände sind Zusammenschlüsse von Gemeinden und Gemeindeverbänden zur gemeinsamen Erfüllung bestimmter Aufgaben. Vgl. zu näheren Einzelheiten, Lungstraß, R.: Der Zweckverband als Planungs- und Finanzierungsinstrument neuer öffentlicher Aufgaben — erläutert am Beispiel eines Abwasserzweckverbandes in Nordrhein-Westfalen, Forschungsbericht des Landes Nordrhein-Westfalen, Nr. 2554, Opladen 1976, S. 13 ff.

[4] Die Eigenbetriebe berühren nur im Falle eines Überschusses oder eines Defizites den Haushalt der zugehörigen Gebietskörperschaft. Es handelt sich hier um eine sogenannte Nettoveranschlagung der einzelnen Unternehmen.

den der Lastenausgleichsfonds und das ERP-Sondervermögen dem Bund zugerechnet.

Da die sogenannten Kassenverstärkungskredite aus der Betrachtung ausgeklammert werden, gehen nicht alle Arten der Kreditaufnahme bei den Gebietskörperschaften in die Analyse ein. Kassenverstärkungskredite dienen lediglich zur Abdeckung kurzfristiger Defizite, die sich innerhalb einer Haushaltsperiode ergeben können. Wenn sich die Einnahmen und Ausgaben bei einer Gebietskörperschaft auch über die gesamte Periode gesehen ausgleichen, so kann es doch innerhalb der Periode aufgrund einer zeitlichen Verwerfung von Einnahmen und Ausgaben zu Kassenfehlbeträgen kommen. Die Kassenverstärkungskredite sollen nur zur Überbrückung von diesen Liquiditätsschwierigkeiten innerhalb einer Haushaltsperiode dienen, sind also nicht zur Abdeckung eines Haushaltsfehlbetrages am Ende einer Periode gedacht und spielen deshalb für eine mittel- und langfristig orientierte Behandlung der Staatsverschuldung nur eine untergeordnete Rolle[5].

Die Geldmengenpolitik der Bundesbank findet nur insoweit Berücksichtigung, als sie unmittelbare Auswirkungen auf die Verschuldungsmöglichkeiten der öffentlichen Hand hat. Das derzeitige Geldmengenkonzept der Bundesbank wird deswegen auch nicht im einzelnen untersucht und diskutiert, sondern als Datum für die Kreditaufnahme verstanden. Demzufolge sind die Grenzen für die Kreditaufnahmepolitik in dem jeweils von der Bundesbank gesetzten Rahmen zu suchen. Die Rückwirkungen, die sich aus der Bundesbankpolitik für die einzelnen Teilfragen ergeben, werden allerdings berücksichtigt. Das Geldmengenkonzept wird nur bei der Betrachtung möglicher Preissteigerungen, die durch die Staatsverschuldung hervorgerufen werden könnten, außer acht gelassen.

---

[5] Aus diesem Grund bleiben die Kassenverstärkungskredite auch bei der Berechnung der gesetzlichen Kreditgrenzen außer Ansatz. Vgl. dazu Bundeshaushaltsordnung § 13, Abs. 3, Nr. 1: Einnahmen aus Krediten wozu nicht Kredite zur Aufrechterhaltung einer ordnungsmäßigen Kassenwirtschaft (Kassenverstärkungskredite) zählen. Bundesgesetzblatt 1969, I, S. 1285.

Die Untersuchung beginnt mit einer Darstellung möglicher Funktionen des öffentlichen Kredits. Letztlich ist jede Kreditaufnahme nur vertretbar, wenn sie sich mit einer überzeugenden Funktion rechtfertigen läßt.

Daran anschließend wird versucht, anhand ökonomischer Überlegungen die Grenzen der Kreditaufnahme zu bestimmen. Dabei geht es zunächst ausschließlich um die Neuverschuldung und die damit verbundenen Schwierigkeiten. Die Ergebnisse aus diesem Abschnitt erlauben dann eine kritische Auseinandersetzung mit den verschiedenen Konzepten zur Staatsverschuldung, wie sie von der Bundesbank, dem Bundesfinanzministerium und dem Sachverständigenrat zur Begutachtung der gesamtwirtschaftlichen Entwicklung[6] entworfen wurden.

Unabhängig von den Grenzen der Neuverschuldung sind Grenzen aus der Entwicklung des Schuldenstandes denkbar. Gerade die Entwicklung des Schuldenstandes bereitet der Öffentlichkeit die meisten Sorgen. Dabei steht die Zinsbelastung für die öffentlichen Haushalte im Mittelpunkt der Betrachtung.

Da sich für die Länder, besonders aber für die Gemeinden über die bisher erwähnten Fragestellungen hinaus Sonderaspekte ergeben können, sollen diese in einem besonderen Kapitel Berücksichtigung finden, mit dem gleichzeitig die Untersuchung abgeschlossen wird.

---

[6] Im folgenden jeweils Sachverständigenrat genannt.

Erstes Kapitel

Funktionen des öffentlichen Kredits

A. Stabilisierungsfunktion

Im Bereich der Wirtschaftswissenschaften gilt es weitgehend als unbestritten, daß die Kreditaufnahme des Staates in besonderem Maße geeignet ist, zur Konjunkturstabilisierung beizutragen[1].

In groben Zügen soll die Grundlage zu dieser Überlegung hier noch einmal dargestellt werden. Bei einer Konjunktur, die sich in gleichmäßigen Wellen um einen gedachten Gleichgewichtspfad herum entwickelt, sind die Rezessionsphasen durch unterdurchschnittliche Steuereingänge und die Hochkonjunkturphasen durch überdurchschnittliche Steuereinnahmen gekennzeichnet. Soll nun ein jährlicher Ausgleich von Steuereinnahmen[2] und Ausgaben im Haushalt erreicht werden, so muß man in Rezessionsphasen entweder die Steuern erhöhen, oder aber die Ausgaben senken. Umgekehrt besteht in der Hochkonjunktur die Wahl zwischen Ausgabeerhöhungen oder Steuersenkungen. Wenn der Staat in diesem Sinne seinen Haushalt ausgleichen will, trägt er zu einer Verstärkung der konjunkturellen Wellenbewegung bei. Er betreibt eine sogenannte Parallelpolitik und verhält sich damit prozyklisch[3].

---

[1] Vgl. stellvertretend für viele andere Hansmeyer, K. H.: Der öffentliche Kredit, 2. Auflage, Frankfurt 1970, S. 102 und Burkheiser, K.: Grenzen des Staatskredits, Berlin 1937, S. 95. In neuerer Zeit hat Dieckheuer auch mit Hilfe empirischer Daten diese These bestätigt, vgl. Dieckheuer, G.: Staatsverschuldung und wirtschaftliche Stabilisierung, Schriften zur öffentlichen Verwaltung und öffentlichen Wirtschaft, Band 21, hrsg. von Eichhorn, P., und Friedrich, P., Baden-Baden 1978. Vgl. aber auch Richebächer, K., der sich skeptisch zu den Stabilisierungswirkungen des öffentlichen Kredits äußert, in: Währungen und Kreditmärkte, Nr. 79; Der Bumerang des Deficit Spending, Frankfurt 1978.

[2] Aus Gründen der Vereinfachung sei hier von Gebühren, Beiträgen und sonstigen Einnahmen abgesehen.

[3] Vgl. zu den verschiedenen Lehren des Budgetausgleichs Neumark, F.: Grundsätze und Arten der Haushaltsführung und Finanzbedarfsdeckung, in:

Eine Steuererhöhung führt zu einer Beeinträchtigung der Leistungsbereitschaft bei den steuerzahlenden privaten Haushalten und den Unternehmen. Überdies trägt der Staat durch seine Steuerpolitik zu einer Verringerung der Nachfrage im privaten Bereich bei[4]. Versucht der Staat hingegen, über eine Einschränkung seiner Ausgaben einen Haushaltsausgleich zu erreichen, so verringert er direkt die volkswirtschaftliche Nachfrage und verstärkt ebenfalls die rezessiven Tendenzen. In der Hochkonjunktur entstehen die gleichen Wirkungen, nur mit umgekehrtem Vorzeichen. Der Staat fördert hier also durch seine Parallelpolitik den Überschuß der Nachfrage über das Angebot.

Dieses Dilemma soll eine Kreditaufnahme und -tilgung, verbunden mit einer antizyklischen Finanzpolitik, beseitigen. Nach diesem Konzept muß der Staat in der Rezession Kredite aufnehmen, um seine Ausgaben im vorgesehenen Umfang finanzieren zu können. Damit hält er seine ursprünglich geplante Nachfrage nach Gütern und Diensten aufrecht, ohne gleichzeitig den außerstaatlichen Konsum und/oder die Investitionen der Unternehmen zu beeinträchtigen. Die Kapitalmittel, die der Staat zu einer Kreditaufnahme benötigt, stehen in Rezessionsphasen aufgrund eines reichlichen Kreditangebots innerhalb der Volkswirtschaft bereit und können vergleichsweise einfach aufgenommen werden[5].

Eine Kreditaufnahme in Höhe der konjunkturell bedingten staatlichen Einnahmeausfälle reicht aber nur aus, um eine Verstärkung der Rezession durch das Staatsverhalten zu verhindern. Sie trägt nichts zu einer Tendenzwende in der Wirtschaftsentwicklung bei. Deswegen fordern viele, daß der Staat weitere Kredite aufnehmen soll, um entweder Steuersenkungen oder Ausgabeerhöhungen zu finanzieren. Im Fall von Steuersenkungen kann er zusätzlichen Konsum und

Handbuch der Finanzwissenschaft, 2. Auflage, 1. Band, Tübingen 1952, herausgegeben von Gerloff, W., und Neumark, F., S. 606 f.

[4] Eine direkte Einkommensteuer vermindert das nachfragebestimmende verfügbare Einkommen.

[5] Hier handelt es sich um eine vereinfachte Darstellung der Zusammenhänge. Zu näheren Einzelheiten vgl. Kapitel 2 C 1, S. 42 ff.

zusätzliche Investitionen induzieren, im Fall der Ausgabenerhöhungen entfaltet er selbst zusätzliche Konsum- und/oder Investitionsnachfrage. Mit dieser über die Einnahmeausfälle hinausgehenden Kreditaufnahme kann es dem Staat unter Umständen gelingen, eine Rückkehr zu einem wirtschaftlichen Gleichgewicht einzuleiten. Das heißt mit anderen Worten, daß der Staat innerhalb seiner Möglichkeiten versuchen soll, die ausgefallene Nachfrage der privaten Wirtschaftseinheiten zu ersetzen. Es soll hier nicht diskutiert werden, ob er dazu nach dem Umfang und der Art der ausgefallenen Nachfrage überhaupt in der Lage ist[6]. Es reicht abgesehen davon auch schon aus, wenn er konjunkturelle Impulse gibt, die dann über eine erhoffte Eigendynamik weitere Ausgaben der Privaten nach sich ziehen.

Nach dem Konzept eines zyklischen Budgetausgleichs[7] sollen die in der Rezession aufgenommenen Kredite mit Hilfe der überdurchschnittlich hohen Steuereinnahmen in der Hochkonjunktur zurückgezahlt werden. Auf diese Weise bleibt das Budget über den Konjunkturzyklus hinweg ausgeglichen. In der Praxis hat sich nun gezeigt, daß die Rezession mit Hilfe des öffentlichen Kredits weitgehend entsprechend den theoretischen Überlegungen bekämpft werden kann. Hingegen scheiterte diese antizyklische Politik in der Hochkonjunktur, weil sie sich nicht durchsetzen ließ. Es ist offenbar schwierig, Politiker angesichts hoher Einnahmen von der Notwendigkeit einer sparsamen weil antizyklisch erforderlichen Haushaltspolitik zu überzeugen. Aus diesem Grund hat unter anderem auch der Sachverständigenrat eine Abkehr von der antizyklischen Finanzpolitik in der Hochkonjunktur gefordert[8]. Danach soll der Staat in der Rezession weiter wie bisher verfahren, da dies auch in der politischen Praxis anwendbar und wirksam war, aber in der Hochkonjunktur soll die Stabilisierung in erster Linie durch eine restriktive Geldpolitik erreicht werden, während sich die Finanzpolitik

---

6 Siehe hierzu Kapitel 2 F über die Grenzen der Kreditverwendung, S. 83 ff.

7 Vgl. dazu Neumark, F.: Grundsätze . . ., S. 637.

8 Vgl. Sachverständigenrat: Jahresgutachten 1974, Ziffer 398.

neutral zu verhalten hat[9]. Das bedeutet, der Staat soll in der Hochkonjunktur seine Ausgaben entsprechend der mittelfristigen Planung tätigen. Das Hauptaugenmerk gilt also einer stetigen Aufgabenerfüllung.

Es bleibt festzuhalten, daß es durch die Kreditaufnahme der öffentlichen Hand sowohl theoretisch als auch praktisch möglich erscheint, Stabilisierungsaufgaben in der Rezession zu erfüllen.

B. Lastverteilungsfunktion

Zur Begründung der Staatsverschuldung wird am häufigsten auf die Stabilisierungswirkung der staatlichen Kreditaufnahme in der Rezession verwiesen.

Daneben wird in vielen Fällen die Frage diskutiert, ob die Verschuldung der öffentlichen Hand über eine Verteilung der Finanzierungslasten eine gerechtere Finanzierung der Staatsausgaben als die Steuerfinanzierung erlaubt. Diese Lastverteilung muß losgelöst von Stabilisierungswirkungen behandelt werden. Man spricht deswegen auch in der Literatur von einer nichtkonjunkturellen Betrachtung der staatlichen Kreditaufnahme[10].

Für die folgenden Überlegungen zur Lastverteilung sollen zwei Rahmenbedingungen gesetzt werden, die eine klare Darstellung der Unterschiede zwischen einer Steuer- und einer Kreditfinanzierung öffentlicher Ausgaben erlauben.

1. Um die verschiedenen Finanzierungsformen unabhängig von der Verwendung der Finanzierungsmittel behandeln zu können, wird von einem gegebenen Umfang und einer gegebenen zeitlichen Verteilung der Staatsausgaben ausgegangen. Lediglich die Finanzierung ist noch nicht

---

[9] Vgl. Schmidt, K.: Öffentliche Neuverschuldung in der Rezession, in: Öffentliche Verschuldung am Kapitalmarkt, Schriftenreihe des Instituts für Kapitalmarktforschung, Band 13, S. 54, herausgegeben von Bruns, G., und Häuser, K., Frankfurt 1976.

[10] Vgl. Gandenberger, O.: Der öffentliche Kredit in außerkonjunktureller Betrachtung, in: Quartalshefte, Girozentrale und Bank der österreichischen Sparkassen, Heft 4, Wien 1976, 11. Jg., S. 47 ff.

geklärt. In Anlehnung an Musgrave spricht man hier auch von Differentialwirkungen des Budgets[11] [12].

2. Zur Verdeutlichung der außerkonjunkturellen Betrachtung sei anhaltende Vollbeschäftigung unterstellt. Die Kreditaufnahme kann in diesem Fall also nicht mit Stabilisierungswirkungen begründet werden[13].

Was ist nun unter der Last der Finanzierung von Staatsausgaben zu verstehen? Wie Gandenberger deutlich gemacht hat, muß zunächst Einigkeit darüber bestehen, in welchem Sinne der Begriff der Last verstanden werden soll[14].

Im Laufe der Zeit haben sich in der Finanzwissenschaft drei mögliche Lastdefinitionen herausgeschält[15]:

1. Last als Realtransfer,
2. Last als Nutzeneinbuße,
3. Last als Wachstumsverlust.

Zu 1.: In einer vollbeschäftigten Volkswirtschaft gibt es weder unausgelastete Produktionskapazitäten noch unbeschäftigte Arbeitskräfte. Wenn der Staat nun Güter, Dienste oder Arbeitskräfte nachfragt, so bedeutet dies gleichzeitig, daß die Privaten auf Güter, Dienste oder Arbeitskräfte verzichten müssen. Die Privaten müssen sich zugunsten des Staates einschränken. Sie werden also durch die Staatstätigkeit belastet. Diese Reallast scheint unabhängig von der Finanzierungsform zu entstehen. Sie läßt sich aber dennoch vermeiden, wenn man zur Verschuldung im Ausland greift, denn die Auslandsverschuldung führt einer Volkswirtschaft Kapital zu, das ohne Beeinträchtigung des Inlands beansprucht werden kann. Werden nun mit Hilfe dieses Auslands-

11 Vgl. Musgrave, R. A.: Finanztheorie, 2. Auflage, Tübingen 1974, S. 159.

12 Vgl. zu diesem Vorgehen Gandenberger, O.: Der öffentliche Kredit als Mittel zur Beeinflussung der zeitlichen Inzidenz von Staatsausgaben, in: Das Wirtschaftsstudium, Heft 7, Tübingen 1974, S. 333.

13 Vgl. ebenda.

14 Vgl. Gandenberger, O.: Ist es möglich, durch die Aufnahme von öffentlichem Kredit die Last einer Ausgabe in die Zukunft zu verschieben?, in: Jahrbuch für Sozialwissenschaften, Bd. 21, Göttingen 1970, S. 97.

15 Vgl. ebenda, S. 87 ff.

kredites vom Staat Güter, Dienste oder Arbeitskräfte aus dem Ausland herangeholt, so belastet dies insoweit nicht die Versorgung der inländischen Bevölkerung, und der Staat kann zumindest einen Teil seiner Aufgaben ohne Belastung des Inlandes erfüllen. Betrachtet man die Last in diesem realen Sinne, so verhindert also die Kreditaufnahme im Ausland eine Belastung der gegenwärtigen Periode und der gegenwärtigen Generation. Die Last der Ausgaben hat erst die Periode oder Generation zu tragen, die den Auslandskredit zurückzahlen und verzinsen muß. Sie muß dann nämlich Kapital aufbringen, das damit für den Erwerb realer Güter nicht mehr zur Verfügung steht.

Damit ist auch nur in dem Fall der Auslandsverschuldung ein Vergleich mit der Kreditaufnahme von Privatpersonen oder Unternehmen möglich. Hier eröffnet die Kreditaufnahme dem Kreditnehmer Verfügungsmöglichkeiten in der Gegenwart, die er ohne Kredit erst in der Zukunft gehabt hätte. Die Kreditnehmer erhalten aber nur deswegen zusätzliche Verfügungsmöglichkeiten, weil ihnen Gläubiger gegenüberstehen, die im Augenblick auf eine nachfragewirksame Verwendung ihrer Mittel verzichten wollen. Die Volkswirtschaft als Ganzes kann deswegen nur durch Verschuldung bei anderen Volkswirtschaften einen zusätzlichen Handlungsspielraum in der Gegenwart erlangen.

Generell läßt sich nun sagen, daß die praktische Bedeutung dieser realen Lastverteilung in dem Maße zunimmt, in dem sich die betrachteten Gebietskörperschaften in ihrem Charakter Einzelwirtschaften annähern. Damit wird die reale Lastverteilung für den Bund die geringste, für die Länder eine mittlere und für die Gemeinden die größte Rolle spielen. Denn wenn es auch für die öffentliche Hand insgesamt nicht möglich ist, sich ohne Belastung der Privaten zu verschulden, so mag es einzelnen Gebietskörperschaften doch gelingen, sich zu Lasten anderer Gebietskörperschaften zu verschulden. „Die Gemeinden können ... generell, der staatliche Oberverband nur im Sonderfall des Auslandskredites, die realen Schuldenlasten in die Zukunft verschieben[16]."

---

[16] Zeitel, G.: Eigentümlichkeiten und Grenzen der Kommunalverschul-

Zu 2.: Buchanan vergleicht die Kreditaufnahme und die Steuerfinanzierung im Hinblick auf ihre Auswirkungen auf den einzelnen Bürger bzw. Steuerzahler[17]. Steuern werden generell zwangsweise von den Bürgern erhoben und schränken damit den Nutzen eines jeden Bürgers ein. Finanziert sich der Staat aber über öffentliche Anleihen, so werden diese von den Bürgern freiwillig gezeichnet. Freiwillige Aktionen können aber zu keiner Nutzenschädigung führen, vielmehr ist bei freien Entscheidungen eher mit einem Nutzengewinn zu rechnen. Damit wird im Falle der Kreditfinanzierung öffentlicher Ausgaben im Gegensatz zum Fall der Steuerfinanzierung eine Belastung der gegenwärtig lebenden Bevölkerung vermieden. Eine Belastung entsteht erst in den Perioden, in denen Steuern zur Verzinsung und Tilgung der Schulden zwangsweise erhoben werden müssen[18]. Nach dieser Definition der Last ist es generell und für jede Art von Gebietskörperschaft möglich, mit Hilfe der Kreditfinanzierung eine Lastverteilung auf spätere Perioden und Generationen zu erreichen.

Zu 3.: Die Bezeichnung der Last als Wachstumseinbuße geht wohl im wesentlichen auf Musgrave zurück[19]. Grundlage seiner Definition sind folgende Gedankengänge.

Eine Steuererhebung mindert das verfügbare Einkommen der Steuerzahler und damit nach Maßgabe der marginalen Sparquote die Ersparnis und nach Maßgabe der marginalen Konsumquote die Konsumausgaben[20]. Das bedeutet also, daß

---

dung, in: Finanzpolitik, herausgegeben von Recktenwald, H. C., Köln 1969, S. 438.

17 Vgl. Buchanan, J. M.: Public principles of public debt, Homewood 1958, drittes Kapitel, vor allem S. 34: „If the shift takes place through the voluntary actions of private people, it is meaningless to speak of a sacrifice haven taken place."

18 Anderer Ansicht ist Hoppe, M.: Probleme der öffentlichen Verschuldung, Institut FSt. Heft 115, Bonn 1977, S. 26: „. . . die aus dem Markt gedrängten Investoren sowie die Leidtragenden der Zinssteigerungen erleiden durchaus zum Zeitpunkt der öffentlichen Ausgabe eine Nutzeneinbuße."

19 Vgl. Musgrave, R. A.: Finanztheorie, S. 522 f.

20 Hier ist eine Steuer ähnlich der Einkommensteuer in der Bundesrepublik Deutschland unterstellt. Theoretisch sind je nach Ausgestaltung der Steuer auch andere Ergebnisse möglich. So etwa im Fall einer Investitionsteuer.

sich die gegenwärtige Generation in ihren Konsummöglichkeiten einschränken muß. Außerdem werden in Höhe des Ersparnisrückganges weniger investierbare Mittel zur Verfügung stehen.

Die öffentliche Kreditaufnahme wird ausschließlich aus privaten Ersparnissen finanziert[21] und mindert daher in gleicher Höhe die investierbaren Mittel und geht damit voll zu Lasten der Investitionen.

Ein Vergleich zwischen Steuer- und Kreditfinanzierung führt also zu folgendem Ergebnis:

Die Steuerfinanzierung zwingt die Individuen über eine Minderung ihrer Konsumausgaben zu einer Einschränkung ihrer Versorgung mit Gütern und Diensten. Es entsteht also insofern eine Belastung für die Bevölkerung zum gegenwärtigen Zeitpunkt.

Die Kreditfinanzierung läßt die Konsumpläne im Augenblick unangetastet und führt damit unmittelbar zu keiner Belastung der Individuen in der Gegenwart. Hingegen wird im Fall der Kreditfinanzierung aufgrund der verminderten Investitionen ein geringerer Kapitalstock an die Zukunft weitergegeben, und über das damit im Vergeich zur Steuerfinanzierung schwächere Wachstum werden die Konsummöglichkeiten in den kommenden Perioden geringer sein. Die Kreditfinanzierung ermöglicht auch in diesem Fall eine Lastverschiebung von der Gegenwart in die Zukunft.

Die kurze Betrachtung der drei möglichen Lastdefinitionen sollte zeigen, daß, losgelöst von der Definition der Last, in jedem der drei Fälle die Kreditfinanzierung im Gegensatz zur Steuerfinanzierung eine Lastverschiebung ermöglicht. Allerdings kann nur im Falle der Auslandsverschuldung die Last als Entzug von Produktionsfaktoren bei den nichtstaatlichen Wirtschaftseinheiten vermieden werden, während die beiden anderen Lastbegriffe bei jeder Art der Schuldaufnahme ihre Gültigkeit behalten. Inwieweit diese drei Lastbegriffe die

---

[21] Ausgeschlossen sei der Fall, daß zusätzliche Ersparnisse aufgebracht werden, die dann auch zu Lasten des Konsums gingen. Dies ist nur in Kriegssituationen denkbar und auch da nicht empirisch nachgewiesen.

Kreditaufnahme für ein Land wie die Bundesrepublik Deutschland rechtfertigen können, soll hier noch nicht behandelt werden[22]. Im Augenblick ist nur von Bedeutung, daß die Kreditaufnahme als Mittel zur zeitlichen Lastverteilung geeignet ist. Dies bedeutet aber gleichzeitig, daß Grenzen für eine konjunkturunabhängige Verschuldung in engem Zusammenhang mit den Möglichkeiten und Erfordernissen der zeitlichen Lastverteilung behandelt werden müssen.

C. Überbrückungsfunktion[23, 24]

1. Einmaliger Einnahmenmehrbedarf

Wie soll der Staat reagieren, wenn er plötzlich einem erheblichen einmaligen Ausgabemehrbedarf gegenübersteht, der auf außerordentliche Ursachen wie etwa Naturkatastrophen oder Krieg zurückzuführen ist? Soll er den gesamten Mehrbedarf über eine einmalige, aber hohe Sondersteuer oder über Kreditaufnahme verbunden mit einer mäßigen, aber auf Dauer angelegten Steuererhöhung finanzieren. Die einmalige Sondersteuer hat den großen Nachteil, daß sie den Besteuerten keinerlei Anpassungszeit erlaubt und damit Friktionen hervorruft, die bei einer ausreichenden Anpassungszeit nicht auftreten würden[25]. Bei einer Kreditfinanzierung hingegen können die einzelnen Akteure innerhalb der Volkswirtschaft ihre Pläne zunächst weitgehend unverändert lassen und auch in späteren Perioden sind nur geringfügige Anpassungen an die neuen Steuerregelungen notwendig. Es wird so eine stetigere Entwicklung ermöglicht, als es im Falle abrupter Datenänderungen erwartet werden darf.

---

[22] Vgl. dazu Kapitel 2. D, S. 65 ff.

[23] Vgl. dazu auch Gandenberger, O.: Öffentliche Verschuldung, II. Theoretische Grundlagen, Handwörterbuch der Wirtschaftswissenschaften, Neuauflage, 21. Lieferung, Stuttgart 1979, herausgegeben von Albers, W., u. a., S. 496 f.

[24] Der Kassenverstärkungskredit erfüllt innerhalb einer Periode ebenfalls eine Überbrückungsfunktion.

[25] Vgl. Musgrave, R. A.: Theorie der öffentlichen Schuld, in: Handbuch der Finanzwissenschaft, 2. Auflage, 3. Band, Tübingen 1958, herausgegeben von Gerloff, W., und Neumark, F., S. 75 f.

Je mehr sich die Betrachtung vom Bund auf die Länder und von dort auf die Gemeinden verlagert, um so eher ist mit solch einmaligem erheblichem Ausgabenmehrbedarf zu rechnen. Es gibt nämlich eine ganze Reihe von Ausgaben, die im Rahmen des Gesamtstaates den Charakter des Ungewöhnlichen verlieren, die aber für eine Gemeinde innerhalb von 20 oder 30 Jahren nur einmal vorkommen. Beispielsweise wird ein Schulneubau an eine kleine Gemeinde Finanzierungsanforderungen stellen, die diese kaum innerhalb eines Jahres oder während der Bauzeit durch Steuern erfüllen kann, wenn sie nicht die Gemeindemitglieder sehr stark belasten will[26]. Es ist gerade in einem solchen Fall sinnvoll und wirtschaftlich vernünftig, wenn die Gemeinde zunächst einen Kredit aufnimmt und die Steuersätze allmählich auf ein Niveau bringt, das dann auf Dauer eine ausgewogene Haushaltsfinanzierung erlaubt. Die Kreditfinanzierung wird sich in diesen Fällen nicht nur aus Allokationsgründen empfehlen, sondern wiederum auch aus Gründen der gerechten zeitlichen Verteilung von Ausgabelasten[27].

2. Anpassung der Einnahmen an einen mittelfristigen Trend[28]

Wenn es der politischen Willensbildung in einem Staat entspricht, den Anteil des Staates am Bruttosozialprodukt mittelfristig über das Maß hinaus zu erhöhen, das sich aus der Entwicklung der Steuereinnahmen ergibt, so kann der öffentliche Kredit ebenfalls eine Überbrückungsfunktion erfüllen.

Ohne Kreditfinanzierung der steigenden Ausgaben könnte der Finanzminister gezwungen sein, Jahr für Jahr eine Erhöhung der Steuersätze entsprechend der gewünschten Erhöhung des Staatsanteils vorzuschlagen. Dies würde zwar nicht zu Beeinträchtigungen der gesamtwirtschaftlichen Entwicklung führen müssen, aber es würde erhebliche Belastun-

[26] Es bleibt hier ein möglicher Finanzausgleich und eine mögliche Gemeinschaftsfinanzierung unberücksichtigt.

[27] Vgl. Gandenberger, O.: Öffentliche Verschuldung, S. 497. Vgl. dazu auch: Wissenschaftlicher Beirat beim Bundeswirtschaftsministerium: Fragen der Staatsverschuldung, Fritz Neumark u. a., Frankfurt 1968, S. 11.

[28] Vgl. Gandenberger, O.: Öffentliche Verschuldung, S. 497.

gen für den staatlichen Verwaltungsapparat bedeuten. Für die Gesamtwirtschaft könnten sich allerdings Belastungen durch eine permanente Steuerdiskussion und ein dadurch hervorgerufenes Gefühl der Unsicherheit über die Datenentwicklung ergeben. Auch aus Gründen einer rationellen Arbeitsweise ist es in solchen Situationen besser, anstatt einer Vielzahl von Steuerrechtsänderungen ein Steuerpaket zu verabschieden und bis zu dieser Verabschiedung mit Krediten einen Ausgleich zwischen den steigenden Ausgaben und den Einnahmen zu erzielen[29]. Der öffentliche Kredit erweist sich damit als ein flexibleres Finanzierungsinstrument, als es die Steuerpolitik sein könnte.

D. Vermögensbildungsfunktion?

„Mit seiner Kreditaufnahme bietet der Staat ... den Bürgern die Möglichkeit, anstelle von Steuerzahlungen Vermögen zu bilden[30]." Unter anderem mit dieser Bemerkung wollte das Bundesfinanzministerium 1976 die Bürger an Geldanlagen in öffentlichen Papieren heranführen.

Der Staat entzieht den Bürgern bei einer Steuerfinanzierung auf Dauer Kaufkraft und finanziert damit eigene, zum Teil staatsvermögensmehrende Ausgaben. Er erhöht also sein eigenes Vermögen und verhindert in Höhe der Steuern eine mögliche Vermögensbildung oder doch wenigstens Konsumausgaben der Privaten. Es ist zumindest fraglich, ob sich eine Vermögensbildung des Staates zu Lasten der Vermögensbildung der Privaten auf längere Zeit mit der Marktwirtschaftsordnung verträgt[31]. Eine Möglichkeit, dieser Entwicklung entgegenzutreten, besteht in einer verstärkten Her-

---

29 Vgl. Wissenschaftlicher Beirat beim Bundesministerium für Wirtschaft und Finanzen, Finanzierung eines höheren Staatsanteils am Sozialprodukt, Schriftenreihe des Bundesministeriums für Wirtschaft und Finanzen, Bonn 1972, Heft 20, S. 25.

30 Sind Schulden vernünftig? Herausgegeben vom Bundesfinanzministerium Bonn 1976, S. 2.

31 Vgl. Molitor, B.: Sind öffentliche Schulden vernünftig?, in: Der langfristige Kredit, 27. Jg., München 1976, Heft 17, S. 543.

anziehung von Krediten zur Finanzierung öffentlicher Ausgaben[32].

Durch Anleihefinanzierung, als einer Art der Fremdfinanzierung, kann der Staat versuchen, die Bevölkerung am Eigentum der öffentlichen Anlagen zu beteiligen. Unter Umständen gelingt es ihm dadurch, bei Beibehaltung seiner sonstigen Aufgabenerfüllung, eine aus ordnungspolitischen Gründen unerwünschte Vermögensbildung beim Staat zu verhindern[33].

Zunächst stellt sich die Frage, ob die Kreditfinanzierung staatlicher Ausgaben tatsächlich zu einer Vermögensbildung bei den Privaten führt. Normalerweise wird der Steuerzahler nicht in der Höhe der Steuersenkungen seine Ersparnis und damit seine Vermögensbildung aufstocken. Er wird vielmehr entsprechend seinen sonstigen Konsum- und Spargewohnheiten einen Teil konsumieren und den anderen Teil sparen. Eine Vermögensbildung wird also nicht in der Höhe der Kreditaufnahme, sondern nur in Höhe der dadurch bewirkten Zusatzersparnis erzielt. Die marginale Sparquote bestimmt also den Teil der Kreditaufnahme, der eine verstärkte Vermögensbildung bei den Privaten ermöglicht.

Die volkswirtschaftliche Sparquote läßt sich allerdings kaum durch die Kreditfinanzierung staatlicher Ausgaben erhöhen. Dies könnte nur gelingen, wenn der Bürger zugunsten einer Staatsanleihe seine Konsumausgaben in einem höheren Maße einschränkt, als es seiner ohnehin vorhandenen Sparneigung entspricht. Es gibt keine Anzeichen, die ein derartiges Verhalten belegen könnten[34].

---

[32] Anstelle von Ausgaben spricht man in diesem Zusammenhang in der Literatur weitgehend von Investitionen. Dies soll hier vermieden werden, da sich beim Prinzip der Gesamtdeckung der Einnahmen für die Ausgaben in einem Haushalt nicht erkennen läßt, wofür die Krediteinnahmen endgültig verwendet werden.

[33] Vgl. Haller, H.: Neue Motivation der Staatsverschuldung, in: Finanz- und Geldpolitik im Umbruch, herausgegeben von Haller, H., und Recktenwald, H. C., Mainz 1969, S. 305.

[34] Vgl. Henke, K. D.: Savings-Bonds als Instrument der Finanzpolitik, Finanzwissenschaftliche Forschungsarbeiten, N. F., Heft 39, herausgegeben von Schmölders, G., Berlin 1971, S. 124.

Eine Staatsanleihe bewirkt, abgesehen von der einkommensabhängigen Sparzunahme, höchstens eine Änderung im Anlageverhalten des einzelnen Sparers. Mittel- bis langfristig besteht vielleicht die Hoffnung, daß die gesparten Mittel weniger auf traditionelle Sparkonten und mehr auf Anlagen in festverzinslichen Wertpapieren oder gar in Aktien fließen. Hier liegt nach Ansicht des Verfassers ein gewisser Vorteil der Vermögensbildungsfunktion des öffentlichen Kredits.

In weiten Teilen der privaten Geldanleger besteht noch eine relativ große Skepsis gegenüber einer Anlage in Aktien, Obligationen und anderen Wertpapieren[35]. Festverzinsliche Staatsanleihen sind aufgrund ihrer großen Sicherheit unter Umständen dazu geeignet, diese Skepsis abzubauen.

Sollte es dank einer staatlichen Kreditaufnahme gelingen, dem Bürger über den Kauf von Staatsanleihen auch den Erwerb von Industrieobligationen oder gar von Beteiligungspapieren schmackhaft zu machen, so wäre dies ein Fortschritt für die gesamte Vermögensbildung.

Es muß aber deutlich gesagt werden, daß die Kreditaufnahme des Staates unmittelbar auch bei einer Änderung im Anlageverhalten keine Beteiligung am Produktivvermögen bewirken kann. Die Zeichner von Staatsanleihen erhalten auch keine Verfügungsmacht über bestimmte Vermögensobjekte. Dies ist schon deswegen nicht möglich, weil die Güter und Dienste, die der Staat bereitstellt, der Allgemeinheit zugute kommen sollen und nicht vom Verfügungswillen einiger Anleihezeichner abhängig gemacht werden können oder dürfen.

Die grundsätzliche Überlegung, die Vermögensbildung der Privaten anstelle der Vermögensbildung des Staates zu för-

---

[35] Im 1. Halbjahr 1977 wurden bei einer Gesamtvermögensbildung der privaten Haushalte in Höhe von 49,71 Milliarden DM 24,72 Milliarden DM bei Banken angelegt. Davon waren 11,65 Milliarden DM Spareinlagen. Hingegen wurden nur 10,53 Milliarden DM in Geldmarktpapieren, festverzinslichen Wertpapieren und Aktien angelegt. Hierbei waren die entsprechenden Größen für Aktien mit −0,04 Milliarden DM sogar noch negativ. Im Jahre 1976 war das Übergewicht zugunsten der Bankeinlagen und speziell der Sparmittel noch größer. Vgl. dazu Monatsbericht der Deutschen Bundesbank, Heft 10, 1977, Tabellenanhang zu dem Aufsatz: Gesamtwirtschaftliche Finanzierungsströme und private Ersparnis im ersten Halbjahr 1977, S. 38 ff.

dern ist weitgehend zu begrüßen. Aus ordnungspolitischen Gründen lassen sich Staatsvermögen und Übernahme von bestimmten Aufgaben durch den Staat nur rechtfertigen, wenn eine Zuordnung zu den Privaten wesentliche nationale Interessen stören könnte oder aber sozial unerwünschte Ergebnisse zu erwarten wären. Beispiele dazu sind die Verantwortung des Staates für die innere oder äußere Sicherheit oder die große Bedeutung des Staates im Bildungsbereich.

Auf Grund dieser ordnungspolitischen Gesichtspunkte wäre also insoweit die staatliche Kreditaufnahme zu begrüßen. Zusätzliche Vermögensbildung wird aber durch die Staatsverschuldung nur nach Maßgabe der marginalen Sparquote geschaffen. Darüber hinaus sind von der zusätzlichen Vermögensbildung relativ mehr die Mitglieder der oberen Einkommensklassen begünstigt. Einmal, weil sie ohnehin eine höhere marginale Sparquote haben, und zum anderen, weil mit zunehmendem Einkommen die Bereitschaft wächst, Wertpapiere und damit auch Staatspapiere zu erwerben.

Es ist aber mit Sicherheit nicht das Ziel der Vermögenspolitik statt einer Vermögensbildung des Staates die Unterschiede in der Vermögensverteilung bei den Privaten zu erhöhen, oder auch nur zu stabilisieren. Zwar bemüht sich inzwischen das Bundesfinanzministerium, den Kleinsparer für Staatsanleihen zu gewinnen[36], bei der Werbung und dem Absatz der staatlichen Papiere kann auch nicht mehr von einer Lautlosigkeit und Phantasiearmut gesprochen werden[37, 38], aber es ist noch nicht gelungen, die breite Masse der Sparer vom reinen Kontensparen zur Anlage in Papieren zu bewegen.

---

36 Vgl. Pöhl, K. O.: Verschuldung des Bundes am Kapitalmarkt, Manuskript eines Vortrages beim Institut für Kapitalmarktforschung, das Herr Pöhl dem Verfasser anläßlich eines Gespräches bei der Deutschen Bundesbank freundlicherweise zur Verfügung gestellt hat, S. 13.

37 Vgl. Hessler, H. D.: Gegenwartsprobleme staatlicher Anleihepolitik, Forschungsberichte des Landes Nordrhein-Westfalen, Nr. 1373, Köln 1964, S. 145.

38 Vgl. als Beispiel für die staatliche Absatzwerbung: Sind Schulden vernünftig?, herausgegeben vom Bundesfinanzministerium.

Aber auch wenn dies gelänge, wäre damit noch keine breitere Vermögensstreuung zu erzielen. Es muß also auch bei einem rationaleren Anlageverhalten der Kleinsparer mit einer ungleichen Förderung der privaten Vermögensbildung durch die staatlichen Papiere gerechnet werden. Es sollte deswegen auch auf die Vermögensbildungsfunktion verzichtet werden, weil die staatliche Kreditaufnahme insoweit zumindest nicht verteilungsfreundlich wirkt[39].

Auf die Vermögensbildungsfunktion zu verzichten heißt allerdings nicht, daß bei der Ausgabe staatlicher Anleihen keinerlei Vermögensbildungsaspekte berücksichtigt werden können und sollen. Es heißt lediglich, daß die Vermögensbildungsfunktion nicht so eigenständig ist, daß sie von sich aus allein eine Kreditfinanzierung rechtfertigen kann. Kommt es aber aufgrund der anderen Funktionen des öffentlichen Kredits zu einer Kreditaufnahme, so sollten sich die entsprechenden Gremien doch bemühen, die Kreditaufnahme auch im Rahmen eines Vermögensbildungskonzeptes zu sehen.

E. Einnahmefunktion?

In Höhe der Kreditaufnahme fließen dem Staat Einnahmen zu, die den staatlichen Handlungsspielraum ausdehnen. Es besteht auf diese Weise eine Möglichkeit, zusätzliche Staatsausgaben zu finanzieren, ohne die Steuereinnahmen zu erhöhen. Auf diesem Zusammenhang bauen auch die bereits erwähnten Funktionen des öffentlichen Kredits auf. Es besteht aber auch die Möglichkeit, auf den öffentlichen Kredit allein aus Gründen der Einnahmebeschaffung zurückzugreifen, ohne daß dieser Entschluß durch eine der sonstigen Funktionen zu begründen wäre. Diese Funktion der reinen Einnahmebeschaffung darf vor allem in ihrer praktischen Bedeutung nicht gering geschätzt werden. Nach Ansicht des

---

[39] Siehe auch Zimmermann, H.: Der letzte „klassische" Deckungsgrundsatz, in: Finanzarchiv, N. F., Band 24, Tübingen 1965, S. 71: „Zudem könnte eine solche Beteiligung der Staatsgläubiger am Staatsvermögen leicht den fatalen Eindruck erwecken, den wohlhabenden Bevölkerungsschichten ‚gehöre' der Staat . . ."

Verfassers ist die Einnahmebeschaffung jedoch vom wissenschaftlich-theoretischen Standpunkt aus nicht als eigenständige Begründung für die staatliche Kreditaufnahme heranzuziehen.

Zweites Kapitel

Ökonomische Grenzen der Neuverschuldung

A. Zum Aufbau dieses Kapitels

Zunächst wird unter B dargestellt, wer als Kreditgeber für den Staat überhaupt und mit welchen Beträgen in Frage kommt und wer neben dem Staat in welchem Umfang Kredite nachfragt. Die Aussagen darüber müssen gesondert nach Konjunkturphasen ausfallen.

Aufgrund dieser Aussagen kann dann in C geprüft werden, ob und warum sich im Zusammenhang mit der Stabilisierungsfunktion des öffentlichen Kredits Grenzen aus der Kapitalaufbringung ergeben können.

Im Abschnitt D ist zu untersuchen, ob die Lastverteilungsfunktion möglicherweise zu einem anderen Ergebnis über die Grenzen aus der Kapitalaufbringung führt, als dies nach Abschnitt C den Anschein hat.

Schließlich stehen im Mittelpunkt des Abschnitts E die Rückwirkungen aus der außenwirtschaftlichen und der verteilungspolitischen Zielsetzung auf Fragen der Staatsverschuldung.

Unabhängig von Grenzen aus der Kapitalaufbringung können sich aber auch aus der Kreditverwendung Grenzen für die Neuverschuldung des Staates ergeben (Abschnitt F).

Grenzen der Kapitalaufbringung geben vor allen Dingen Aufschluß über den Zusammenhang zwischen Kreditmarkt und Staatsverschuldung, während die Grenzen der Kreditverwendung mehr auf die güterwirtschaftlichen Vorgänge abstellen.

B. Der Kreditmarkt

1. Kreditanbieter und Kreditnachfrager

Bevor Aussagen zu den Grenzen der Neuverschuldung möglich sind, muß geprüft werden, wer mit welchen Beträgen als Geldkapitalanbieter und damit als Kreditgeber für den Staat in Frage kommt und wer neben dem Staat noch Mittel zur Kreditaufnahme beansprucht[1]. Zu diesem Zweck sollen die Finanzierungssalden der volkswirtschaftlichen Sektoren getrennt nach verschiedenen Konjunkturphasen behandelt werden. In Anlehnung an die Deutsche Bundesbank[2] wird dabei nach folgenden Sektoren unterschieden:

a) Private Haushalte
b) Unternehmen ohne Wohnungswirtschaft, aber einschließlich des finanziellen Sektors[3]
c) Wohnungswirtschaft
d) Gebietskörperschaften
e) Sozialversicherung
f) Ausland.

Diese Aufteilung erlaubt die Berücksichtigung aller denkbaren Kreditbeziehungen innerhalb einer Volkswirtschaft und zum Ausland und ermöglicht gleichzeitig noch eine überschaubare Darstellung der Zusammenhänge. Allerdings gehen die Kreditbeziehungen innerhalb der einzelnen Sektoren nur mit ihrem positiven oder negativen Saldo in die Betrachtung ein. Dieser Finanzierungssaldo eines Sektors ergibt sich jeweils aus der Gegenüberstellung von Geldvermögensbildung und Kreditaufnahme. Da sich aus logischen Gründen in der volkswirtschaftlichen Gesamtrechnung Forderungen und Verbindlichkeiten in entsprechender Höhe gegenüberstehen,

---

[1] „Eine solche Modellrechnung unter Zugrundelegung einer möglichen und nicht unwahrscheinlichen Entwicklung muß angestellt werden, um die Grundlinien einer längerfristigen finanzpolitischen Strategie darauf abzustellen." Hettlage, K. M.: Probleme der Staatsverschuldung in der Bundesrepublik Deutschland, in: ifo-Schnelldienst, Nr. 20, 29. Jg. München 1976, S. 15.

[2] Vgl. Monatsbericht der Deutschen Bundesbank Nr. 10, 1977; Gesamtwirtschaftliche Finanzierungsströme und private Ersparnis im ersten Halbjahr 1977, S. 12 ff., sowie Tabellenanhang dazu S. 27 ff. Dabei erfolgt die Ermittlung der Finanzierungssalden nach den Methoden der volkswirtschaftlichen Gesamtrechnung, also durch eine Gegenüberstellung der Kreditaufnahme und der Geldvermögensbildung.

[3] Der finanzielle Sektor umfaßt die Deutsche Bundesbank, die Kreditinstitute, Bausparkassen und die Versicherungen und wird von der Bundesbank jeweils gesondert ausgewiesen.

müssen sich die Finanzierungssalden der einzelnen Sektoren ex post immer ausgleichen.

Die Finanzierungssalden sind deshalb von so großer Bedeutung, weil sie Auskunft über den Spielraum auf der Finanzierungsseite geben. Auf der anderen Seite sind sie aber auch das Ergebnis güterwirtschaftlicher Vorgänge. Sofern die Geldmengenpolitik der Bundesbank an der Entwicklung des Produktionspotentials ausgerichtet ist, geben die Finanzierungssalden neben dem Finanzierungsspielraum auch den güterwirtschaftlichen Spielraum für den Staat an.

Im Augenblick interessiert allerdings nur der Finanzierungsaspekt der Finanzierungssalden. Der güterwirtschaftliche Spielraum für den Staat wird erst unter den Grenzen aus der Kreditverwendung behandelt. (Siehe Abschnitt F dieses Kapitels.)

Zunächst soll nun versucht werden, mit Hilfe einer ex ante-Betrachtung der Finanzierungssalden Anhaltspunkte für Grenzen der staatlichen Verschuldung von der Aufbringungsseite her zu ermitteln. Es geht also nicht um die realisierten, sondern um die geplanten Kreditbeziehungen zwischen den Sektoren. Ex ante ist im Gegensatz zur ex post-Betrachtung eine Differenz zwischen den geplanten Forderungen und den geplanten Kreditaufnahmen denkbar und sogar wahrscheinlich. Es entsteht dann ein Ungleichgewicht zwischen Kapitalangebot und -nachfrage. Der Ausgleich zwischen Angebot und Nachfrage erfolgt über den Preis, also in diesem Fall über den Zins.

2. Entwicklung der Finanzierungssalden

Die Finanzierungssalden der einzelnen Sektoren werden betrachtet, um einen Eindruck von der Höhe der Kapitalmittel zu gewinnen, die die außerstaatlichen Sektoren nicht beanspruchen, die also für eine Kreditaufnahme des Staates zur Verfügung stehen[4]. Da nur der außerstaatliche Finanzierungssaldo im Mittelpunkt steht, kann die Entwicklung des Finan-

[4] Vgl. Strauß, F. J.: Zur Kreditfinanzierung in der mehrjährigen Finanzplanung 1968 - 1972, in: Bulletin Nr. 109, 1968, S. 930.

zierungssaldos der Gebietskörperschaften unberücksichtigt bleiben.

Ein Blick auf die Tabelle 1 mit den statistischen Daten über die Finanzierungssalden seit 1966 zeigt, daß in der Bundesrepublik die privaten Haushalte durchgehend Finanzierungsüberschüsse erzielten. Die Sektoren Unternehmen[5], Wohnungswirtschaft und das Ausland wiesen überwiegend Finanzierungsdefizite auf, während sich bei der Sozialversicherung wechselnde Vorzeichen bei den Salden ergaben[6].

Solche Daten aus der Vergangenheit können aber aus zwei Gründen nicht zu einer Abschätzung der Kreditaufnahmemöglichkeiten des Staates in der Zukunft herangezogen werden. Zum einen handelt es sich um ex post-Werte, die in jedem Fall den Eindruck einer reibungslosen Finanzierung vermitteln[7], zum anderen lassen sich Änderungen im Finanzierungsverhalten der einzelnen Sektoren nicht einfach auf die Zukunft übertragen. Vor allem in Umbruchphasen entstehen dabei besondere Schwierigkeiten. Es müssen dann zur Projektion der Finanzierungssalden neue Annahmen über die Sparquote, die Selbstfinanzierung der Unternehmen, den Finanzierungsbedarf der Wohnungswirtschaft und auch über die gesamtwirtschaftlichen Investitions- und Produktionsfunktionen getroffen werden. Solche detaillierten Überlegungen können hier nicht angestellt werden. Es sollen aber einige Punkte genannt werden, die bei der Abschätzung zukünftiger Finanzierungssalden je nach der konjunkturellen Lage zu beachten sind[8]. Für die Abschätzung des Sektors Ausland reicht es freilich nicht aus, nur nach konjunkturellen Phasen zu unterscheiden. Hier spielt neben der Konjunkturentwicklung im Inland auch die im Ausland eine große

---

5 Ohne Wohnungswirtschaft, aber mit dem finanziellen Sektor.

6 Vgl. Clauß, F. J.: Sparen, Investieren und öffentliche Defizite in der jüngsten Rezession in USA, in: ifo-Schnelldienst, Heft 14, 29. Jg., München 1976, S. 19 f. Dort werden diese Ergebnisse auch für die USA bestätigt.

7 Vgl. Kolms, H.: Finanzwissenschaft IV, 2. Aufl., Berlin 1976, S. 55 f.

8 Vgl. dazu in ähnlicher Form Ehrlicher, W.: Die Neuverschuldung der Gebietskörperschaften im Jahre 1975, in: Kredit und Kapital, 8. Jg., Berlin 1975, S. 172 ff.

Tabelle 1

Entwicklung der Finanzierungssalden der volkswirtschaftlichen Sektoren seit 1966

(Angaben jeweils in Milliarden DM)

Jahr	Pr. HH	U. insg. =	(U + FS	W)	GK	SV	Ausl.	Summe
1966	+31,11	−30,57 =	(−14,08	−16,49)	− 4,01	+ 3,42	+ 0,02	0
1967	+30,60	−14,49 =	(− 0,52	−13,97)	− 5,30	− 1,12	− 9,69	0
1968	+35,49	−20,55 =	(− 6,86	−13,69)	− 4,22	− 0,77	− 9,95	0
1969	+42,01	−48,26 =	(−31,03	−17,23)	+ 6,90	+ 1,45	− 2,10	0
1970	+46,30	−53,34 =	(−33,56	−19,78)	+ 1,64	+ 7,05	− 1,65	0
1971	+56,58	−56,77 =	(−32,93	−23,84)	− 5,62	+ 7,36	− 1,55	0
1972	+65,47	−61,97 =	(−28,51	−34,46)	− 9,92	+ 8,25	− 1,83	0
1973	+69,90	−74,08 =	(−32,03	−42,05)	+ 0,30	+13,63	− 9,75	0
1974	+80,19	−43,44 =	(−17,28	−26,16)	−17,06	+ 4,85	−24,54	0
1975	+92,59	−21,53 =	(+ 2,05	−23,58)	−60,22	− 2,55	− 8,29	0
1976	+92,77	−42,62 =	(−15,15	−27,47)	−42,28	+ 0,03	− 7,90	0
1977	+86,49	−48,24 =	(−12,88	−35,36)	−26,86	− 3,70	− 7,69	0

Quelle: Monatsberichte der Deutschen Bundesbank, verschiedene Jahrgänge seit 1968, jeweils Heft 5 und Heft 10.

Legende: Pr. HH = Private Haushalte; *U. insg.* = Unternehmen insgesamt, also mit finanziellem Sektor und Wohnungswirtschaft; *U + FS* = Unternehmen und finanzieller Sektor; *W* = Wohnungswirtschaft; *GK* = Gebietskörperschaften; *SV* = Sozialversicherung; *Ausl.* = Ausland.

Rolle[9]. Erst durch den Vergleich der wirtschaftlichen Entwicklung im In- und Ausland werden Aussagen über den Finanzierungssaldo möglich. Denn erst dann lassen sich Annahmen über die grenzüberschreitenden Güter- und Kapitalbewegungen treffen. Da es für diesen Sektor also noch schwieriger als für die anderen ist, auch nur halbwegs brauchbare Anhaltspunkte zu liefern, soll hier darauf verzichtet werden[10].

Statt dessen wird unterstellt, daß der Finanzierungssaldo des Auslandes mit umgekehrtem Vorzeichen dem Leistungsbilanzsaldo des Inlandes entspricht[11].

3. Entwicklung der Finanzierungssalden im Konjunkturverlauf

a) Rezessionsphasen

In Zeiten schlechter Konjunkturentwicklung wird man bei den privaten Haushalten unverändert mit einem erheblichen positiven Finanzierungssaldo rechnen dürfen. Wenn auch aufgrund der schwächeren Einkommenssteigerung die einkommensabhängige Ersparnis in geringerem Maße zunimmt, so ist doch anzunehmen, daß dieses verringerte Wachstum durch andere Sparmotive kompensiert wird[12]. Im Anblick steigender oder stetig hoher Arbeitslosenzahlen neigt nämlich ein großer Teil der Einkommensbezieher dazu, die laufenden Konsumausgaben zugunsten der Ersparnis einzuschränken. Dieser Handlungsweise liegen vor allem Sicherheitsüberlegungen zugrunde. In einem hochentwickelten Land wie der Bundesrepublik erleichtert ein immer kleiner werdender Anteil der existenznotwendigen Ausgaben an den

[9] Die außenwirtschaftliche Verflechtung hat selbstverständlich in einem Land wie der Bundesrepublik auch für die inländischen Sektoren eine große Bedeutung. Allerdings ist der Einfluß nicht so dominierend wie beim Sektor Ausland.

[10] Inwieweit sich aus der außenwirtschaftlichen Verflechtung Grenzen für die Staatsverschuldung bei der Finanzierung ergeben können, wird unter Punkt E 1 in diesem Kapitel behandelt, siehe S. 72 ff.

[11] Eine ähnliche Annahme machte der Sachverständigenrat, als er 1975 versuchte, in einer Modellrechnung die Finanzierungsströme zwischen den einzelnen Sektoren zu ermitteln. Vgl. Jahresgutachten 1975, Ziffer 410.

[12] In der Vergangenheit war in solchen Situationen gelegentlich sogar eine Zunahme der volkswirtschaftlichen Sparquote zu registrieren.

Gesamtausgaben dieses Verhalten der privaten Haushalte. Ein zunehmender Anteil dient hingegen dem Erwerb von Gütern des mittleren und gehobenen Bedarfs. Diese Ausgaben lassen sich nun in schlechten Konjunkturphasen ohne größere Einschränkungen aufschieben und der damit entstehende Nachholbedarf wird in besseren Zeiten abgedeckt.

Der Finanzierungssaldo der Unternehmen (einschließlich Wohnungswirtschaft) wird in der Rezession weniger stark negativ sein als in Aufschwungphasen. Angesichts ungenutzter Kapazitäten nehmen die Unternehmer keine oder nur wenige Erweiterungsinvestitionen vor. Sie verzichten teilweise auch auf Ersatzinvestitionen und verschieben diese Ausgaben auf einen späteren Zeitpunkt. Die geringere Investitionstätigkeit führt zu einem verminderten Finanzierungsbedarf. Darüber hinaus durchforsten die Unternehmer besonders in Rezessionsphasen, also bei gedrückter Gewinnlage, alle Ausgaben auf Einsparungsmöglichkeiten, was zu einer weiteren Verringerung des Kapitalbedarfs führen kann. Auf der anderen Seite können die Unternehmer einen Teil ihrer Finanzierungsmittel aus Abschreibungen, nicht entnommenen Gewinnen oder Investitionszuschüssen des Staates zur Geldvermögensbildung verwenden. Dies wird vor allem dann geschehen, wenn die Rendite aus Finanzanlagen höher ist als die zu erwartende Rendite aus Investitionen in das Sachvermögen. Es mag aber auch sein, daß die sichere Rendite der Geldanlage einer vielleicht höheren Rendite der Sachinvestitionen vorgezogen wird, weil die Sachinvestitionen mit einem erheblich höheren Risiko verbunden sind. Man kann ganz allgemein davon ausgehen, daß die Eigenfinanzierungsquote der Unternehmen in der Rezession wesentlich höher ist als in der Hochkonjunktur. Bei extremen Konjunktureinbrüchen kann es sogar zu einem Finanzierungsüberschuß im Sektor Unternehmen kommen, das heißt, es entsteht ein positiver Finanzierungssaldo[13].

---

13 Vgl. Claus, F. J.: Sparen ..., der dies für den Sektor Unternehmen in den USA nachweist. Siehe auch Tabelle 1, dort ergibt sich für den Sektor Unternehmen ohne Wohnungswirtschaft einschließlich dem finanziellen Sektor ein Finanzierungsüberschuß im Jahre 1975 in Höhe von 2,05 Milliarden DM.

Die Sozialversicherung weist in der Rezession normalerweise ein Finanzierungsdefizit auf. Einerseits stagnieren nämlich die Einnahmen oder gehen gar zurück, andererseits nehmen die Ausgaben der Arbeitslosenversicherung zu[14].

Insgesamt entsteht damit in Rezessionsphasen ein erheblicher Überschuß im Sektor der privaten Haushalte, ein vergleichsweise geringes Defizit im Sektor Unternehmen (einschließlich Wohnungswirtschaft und finanzieller Sektor) und ein geringes Defizit in der Sozialversicherung. Zusätzlich sei ausgehend von einem positiven Leistungsbilanzsaldo noch ein Finanzierungsdefizit des Sektors Ausland unterstellt. Dennoch wird man alles in allem von einem Finanzierungsüberschuß beim zusammengefaßten außerstaatlichen Sektor ausgehen können. In Höhe dieses Überschusses stehen dann auch dem Staat Mittel zur Kreditaufnahme zur Verfügung, das heißt, diese Mittel kann der Staat ohne Beeinträchtigung Dritter für sich in Anspruch nehmen. Diese Mittel muß der Staat einer Verwendung zuführen, wenn er eine stärkere Rezession oder gar eine Depression vermeiden will. Eine Kreditaufnahme in dieser Höhe ermöglicht allerdings nur eine Aufrechterhaltung des Bruttosozialprodukts. „Wenn und solange den Nachfrageausfällen durch Sparen und Desinvestitionen nicht mehr als eine gleich hohe Kreditausweitung gegenübersteht, dürfen wir getrost in der Überzeugung schlafen gehen, daß jede Steigerung der Gesamtnachfrage ausgeschlossen ist[15]."

b) Aufschwungphasen

Mit zunehmendem Einkommen wird zwar die Sparfähigkeit bei den privaten Haushalten zunehmen, aber es muß nicht unbedingt zu einem Zuwachs der absoluten Ersparnis kom-

---

[14] Es soll in dieser Arbeit nicht auf die verschiedenen Schwierigkeiten der Finanzierung der Sozialversicherung eingegangen werden. Es wird deswegen auch im folgenden unterstellt, daß die einzelnen Probleme der Sozialversicherung gelöst sind.

[15] Richebächer, K.: Währungen und Kreditmärkte Nr. 64, Frankfurt 1975, S. 14. Richebächer plädiert allerdings nicht dafür, daß der Staat derjenige sein soll, der diese Lücke ausfüllt. Er steht den Erfolgsaussichten eines „deficit spending" vielmehr skeptisch gegenüber.

men. Mit der Besserung der Wirtschaftsentwicklung erhöhen sich nämlich auch die Zukunftserwartungen des einzelnen. Mit zunehmenden Erwartungen verringern sich die Gründe, aus Sicherheitsüberlegungen zu sparen. Der Nachholbedarf aus zurückliegenden Rezessionsphasen wird gedeckt. Bei manchen Haushalten wächst auch die Bereitschaft, langlebige Konsumgüter über die Aufnahme von Konsumentenkrediten zu finanzieren. Außerdem fließen verstärkt Finanzmittel vom privaten Sektor in den Wohnungsbau. Alles in allem kann man deswegen zwar auch im Aufschwung von einem nach wie vor erheblichen Finanzierungsüberschuß bei den privaten Haushalten ausgehen, aber es darf nicht unbedingt mit einem starken Zuwachs des Überschusses gerechnet werden.

Ganz anders als in der Rezession wird sich aber der Finanzierungssaldo des Sektors Unternehmen (einschließlich Wohnungswirtschaft) entwickeln. Mit Belebung der Konjunktur, also mit einem verstärkten Auftragseingang, mit einer Besserung der Kapazitätsauslastung und damit einer Senkung der Produktionsstückkosten, wächst zunächst einmal die Bereitschaft der Unternehmer, die bisher aufgeschobenen Ersatzinvestitionen vorzunehmen. Angesichts der verbesserten Auftragslage steigen die Lagerinvestitionen, weil die Unternehmer einen ungehinderten Produktionsablauf sichern wollen. Dies führt für sich genommen zu einem verstärkten Finanzbedarf. Zumindest teilweise läßt sich dieser Bedarf zwar durch eine Besserung der Ertragslage der Unternehmen ausgleichen, insgesamt muß man aber auch schon für dieses frühe Stadium des Aufschwungs mit einem Rückgang der Eigenfinanzierungsquote rechnen[16].

Hält der Aufschwung an, so nimmt die Kapazitätsauslastung weiter zu; darauf können die Unternehmer mit verschiedenen Anpassungsmöglichkeiten reagieren[17]. Normalerweise werden sie sich zunächst zeitlich anpassen, also etwa

---

16 Vgl. Geschäftsbericht der Deutschen Bundesbank für das Jahr 1976, Frankfurt 1977, S. 47.

17 Vgl. zu den Anpassungsformen Gutenberg, E.: Grundlagen der Betriebswirtschaftslehre, 1. Band, Die Produktion, 21. Auflage, Berlin 1975, S. 354 ff.

Überstunden anordnen, danach besteht die Möglichkeit der intensitätsmäßigen Anpassung, und in der Regel erfolgt erst zuletzt eine Anpassung der Betriebsgröße. Erst durch diese letzte Anpassungsform kommt es dann zu den Erweiterungsinvestitionen, die zu einem erheblichen Anstieg des Finanzierungsdefizits führen können. Dieser Zuwachs an Finanzierungsdefiziten tritt aber um so später ein, je tiefer das zurückliegende Konjunkturtal war. Erst wenn die Unternehmer der Überzeugung sind, daß ein Aufschwung von längerer Dauer bevorsteht, werden sie nämlich zu Erweiterungsinvestitionen und zu Neueinstellungen von Arbeitskräften bereit sein.

Die Sozialversicherung weist in Aufschwungphasen üblicherweise einen Finanzierungsüberschuß auf. Hier gelten die gleichen Argumente wie in der Rezession, nur mit umgekehrtem Vorzeichen. Mit der Einkommensbelebung steigen die Einnahmen und gleichzeitig gehen die Ausgaben der Arbeitslosenversicherung zurück.

Unterstellt man ein auch im Aufschwung anhaltendes Finanzierungsdefizit des Sektors Ausland, so kommt man dennoch in der ersten Aufschwungphase zu einem Finanzierungsüberschuß bei den nicht-staatlichen Sektoren. Der Finanzierungsüberschuß der privaten Haushalte wird in dieser Phase die Defizite der übrigen Sektoren ausgleichen und überkompensieren. Allerdings wird der Gesamtüberschuß schon geringer sein als in der Rezession. Der Staat muß also ex ante schon mit einem geringeren Kreditpotential rechnen, wenn er die Aufwärtsentwicklung des außerstaatlichen Sektors nicht erschweren will. Im weiteren Stadium des Aufschwungs wird man zunehmend mit höheren Finanzierungsdefiziten der Unternehmen rechnen müssen, so daß der außerstaatliche Finanzierungsüberschuß immer kleiner wird. Schließlich wird in der Hochkonjunktur sogar ein Finanzierungsdefizit des nichtstaatlichen Sektors möglich und wahrscheinlich. Hier müßte der Staat dann, um ex ante ein Gleichgewicht zu ermöglichen, sogar einen Finanzierungsüberschuß aufweisen.

c) Gleichgewichtslage

Mit welchen Finanzierungssalden ist in einer konjunkturellen Gleichgewichtslage zu rechnen? Da die Wirklichkeit so gut wie nie durch Gleichgewichtslagen gekennzeichnet ist, soll hier kurz auf die theoretischen Bedingungen für ein Gleichgewicht eingegangen werden.

Im Gleichgewicht bei Normalauslastung des Produktionspotentials braucht der Staat keine Stabilisierungsaufgabe zu übernehmen. Bezogen auf die geplanten Finanzierungssalden kann man also davon ausgehen, daß der geplante Finanzierungsüberschuß der privaten Haushalte gerade ausreicht, die geplanten Defizite des Unternehmenssektors und des Auslandes auszugleichen. Grundlage dieser Aussage ist die Überlegung, daß sich die privaten Investitionen und die private Ersparnis in gleicher Höhe gegenüberstehen. Wenn sich aber Investitionen und Ersparnis bei den Privaten einschließlich Ausland entsprechen, so besteht bei diesem zusammengefaßten Sektor ein Finanzierungssaldo von Null. Wenn der Staat dieses Gleichgewicht nicht stören soll, so gibt es in dieser Situation keinen stabilitätspolitischen Grund zur Kreditaufnahme[18]. Im Gegenteil, eine Kreditaufnahme wäre in einer solchen Situation schädlich, weil sie das Gleichgewicht im außerstaatlichen Sektor stören müßte.

Wenn auch ein Gleichgewicht in diesem Sinne in der Praxis nicht anzutreffen ist, so sollte doch die Gleichgewichtsvorstellung die Grundlage für eine nichtkonjunkturelle mittelfristige Betrachtung bilden. In der mittelfristigen Sicht entfallen damit aber auch Stabilisierungsüberlegungen als Rechtfertigung für die staatliche Kreditaufnahme[19]. Inwieweit aus den Allokations- und Distributionsaufgaben[20] des Staates

---

18 Im Rahmen einer marktwirtschaftlichen Ordnung lassen sich nach Ansicht des Verfassers keine überzeugenden Gründe finden, die gegen diese Auffassung sprechen.

19 Mittelfristig ergeben sich nur dann Stabilisierungsaufgaben, wenn man von einer Stagnation der Wirtschaftsentwicklung ausgeht bzw. unterstellt, daß die Privaten für sich genommen keinen Gleichgewichtszustand erreichen können.

20 Vgl. Musgrave, R. A.: Finanztheorie, S. 5. Er unterscheidet nach Aufgaben der Allokation, der Distribution und der Stabilisation. In der Allo-

eine Kreditaufnahme mittelfristig zu begründen ist, wird im Verlauf dieser Arbeit noch behandelt[21].

C. Grenzen aus der Kapitalaufbringung und Stabilisierungsfunktion

1. Engpässe bei der Kapitalaufbringung und Zinswirkungen

Wie schon gesagt, wird das derzeitige Geldmengenkonzept der Bundesbank in dieser Arbeit als Datum betrachtet. Die Bundesbank gibt jeweils zu Jahresbeginn eine Wachstumsrate der Zentralbankgeldmenge vor[22]. Diese Rate ist so gewählt, daß die monetäre Versorgung im Durchschnitt des Jahres eine Finanzierung des Zuwachses am Produktionspotential, wenn erforderlich eine erhöhte Kapazitätsauslastung und den für unvermeidbar gehaltenen Preisanstieg zu finanzieren erlaubt. Es wird in dieser Arbeit davon ausgegangen, daß es der Bundesbank jeweils gelingt, ihre eigene Zielvorgabe einzuhalten[23].

Demzufolge ergeben sich Engpässe bei der Kapitalaufbringung immer dann, wenn die Geldversorgung nicht zur Finanzierung aller Kreditwünsche innerhalb der Volkswirtschaft, einschließlich derer aus dem Ausland, ausreicht. Die Betrachtung der Finanzierungssalden der außerstaatlichen Sektoren hat gezeigt, daß dieser nichtstaatliche Bereich in der Hochkonjunktur normalerweise schon mehr Kreditmittel bean-

---

kationsabteilung geht es um die Aufteilung des Sozialprodukts auf den öffentlichen und den privaten Bereich und in der Distributionsabteilung um die Erzielung einer gerechten Einkommensverteilung.

21 Siehe dazu Kapitel 2, D und E.

22 Als „Zentralbankgeldmenge bezeichnet die Bundesbank die Summe aus Bargeldumlauf und Mindestreserven auf Inlandsverbindlichkeiten der Banken". Geschäftsbericht der Deutschen Bundesbank für das Jahr 1976, Frankfurt 1977, S. 16.

23 Damit ist ausgeschlossen, daß etwa infolge von Zinssteigerungen aus dem Ausland Kapital in das Inland strömt und damit zur Deckung des gesamten Kreditbedarfs bereitsteht. Solche Zuströme werden dann nur insoweit zugelassen, wie sie sich mit der Geldmengenvorgabe vereinbaren lassen. In einem System mit flexiblen Wechselkursen wird zudem ein Nettokapitalimport, dem kein Güterimport gegenübersteht, durch Aufwertungen der inländischen Währung verhindert.

sprucht als in der Volkswirtschaft zur Verfügung stehen. Für diese Studie sind aber nur diejenigen Engpässe von Bedeutung, die durch eine staatliche Kreditaufnahme hervorgerufen werden. Solche Engpässe können auf Grenzen für die Kreditaufnahme des Staates hinweisen.

Durch den Staat hervorgerufene Engpässe treten generell dann auf, wenn die Kreditwünsche des Staates über den Finanzspielraum hinausgehen, der sich aus der jeweiligen Konstellation der geplanten Finanzierungssalden, unter Berücksichtigung der Bundesbankpolitik, bei den außerstaatlichen Sektoren ergibt[24].

Die konjunkturelle Entwicklung der Finanzierungssalden hat gezeigt, daß in Abhängigkeit von den Konjunkturphasen ein großer, mittlerer oder gar kein Finanzierungsspielraum für eine Kreditaufnahme des Staates besteht. Aus Stabilisierungsüberlegungen müßte sich der Staat aber bemühen, in der Rezession und auch noch, allerdings vermindert, in Aufschwungphasen brachliegende Mittel selbst zur Kreditaufnahme zu verwenden, oder zumindest diese Mittel bei den Privaten einer Verwendung zuzuführen. Im Rahmen der Stabilisierungsfunktion und allein unter Finanzierungsgesichtspunkten bestimmt der Umfang der brachliegenden privaten Gelder die Grenze der Kreditaufnahme[25]. Daraus folgt, daß alle Kreditwünsche des Staates, die über diesen Umfang hinausgehen, andere als Stabilisierungsgründe haben müssen. Derartige Gründe könnten beispielsweise aus der Lastverteilungsfunktion oder auch aus der Überbrückungsfunktion des öffentlichen Kredits abgeleitet werden.

Die Wirkungen, die bei einer den Finanzierungsspielraum überschreitenden staatlichen Kreditaufnahme zu erwarten sind, sollen zunächst verbal und anschließend noch einmal anhand von Figur 1 in groben Zügen dargestellt werden.

---

[24] Dabei ist der jährliche Zuwachs der Zentralbankgeldmenge zu berücksichtigen.

[25] Zu Grenzen aus der Kreditverwendung siehe Abschnitt F dieses Kapitels. Hier, das sei ausdrücklich betont, steht allein die Frage der Kapitalaufbringung im Vordergrund.

Bei jeweils gleicher Geldmengenvorgabe der Bundesbank wird in Zeiten einer Rezession das Kreditangebot wegen der besonders guten Liquiditätslage stark auf Zinsvariationen reagieren. Eine kleine Zinsänderung reicht dann schon aus, um das Kreditangebot erheblich zu verändern. Es besteht also eine hohe Zinselastizität des Kreditangebots. Mit zunehmender Wirtschaftsbelebung steigt die Kreditnachfrage, und die Zinselastizität des Kreditsangebotes sinkt aufgrund einer schlechter werdenden Liquiditätslage der Geschäftsbanken. Geld ist nun nicht mehr so reichlich vorhanden, und eine höhere Kreditnachfrage ist nur noch bei merklich steigenden Zinsen zu befriedigen. Schließlich ist in einer Hochkonjunktur mit einer vollen Ausschöpfung der Kreditmöglichkeiten innerhalb der Geldmengenvorgabe zu rechnen. Hier wird das Kreditangebot zinsunelastisch, selbst hohe Zinssteigerungen können also bei konsequenter Geldmengenpolitik keine zusätzlichen Kreditmittel hervorrufen.

Die staatliche Kreditnachfrage führt nun je nach Konjunktursituation zu verschiedenen Ergebnissen.

In der Rezession ist aufgrund des reichlichen Spielraums nicht beziehungsweise kaum spürbar mit Zinssteigerungen zu rechnen. Der Staat kann also seine Kreditnachfrage decken, ohne gleichzeitig andere Kreditnachfrager zu behindern und zu verdrängen.

In Phasen des Aufschwungs und in Normallagen muß hingegen schon mit Zinswirkungen aus der staatlichen Kreditnachfrage gerechnet werden. Die Folge davon ist ein Rückgang der privaten Kreditnachfrage. Dieser Rückgang ist allerdings in der Regel geringer als die Zunahme der staatlichen Kreditnachfrage. Die gesamte volkswirtschaftliche Kreditnachfrage wird also noch steigen.

In der Hochkonjunktur gibt es keine brachliegenden Mittel mehr, die Liquiditätsreserven der Geschäftsbanken sind verbraucht. Der Staat kann dann seine Kredite nur zu Lasten der privaten Kreditnachfrage aufnehmen. Der Zins steigt dann so lange, bis genügend private Kreditnachfrager vom Markt zurückgetreten sind.

Anhand von Figur 1 sollen in groben Zügen die denkbaren Wirkungszusammenhänge aufgezeigt werden.

Auf der Ordinate wird der Kreditzins abgetragen. Da es ohne Bedeutung für die grundlegenden Zusammenhänge ist, ob es sich um den kurz-, mittel- oder langfristigen Zins handelt, sei ein repräsentativer Zins unterstellt. Auf der Abszisse werden Kreditangebot und -nachfrage des außerstaatlichen Sektors abgetragen. Die Punkte A_1, A_2 und A_3 beschreiben jeweils die Kreditmenge, die bei alleiniger Betrachtung des außerstaatlichen Sektors zustandekommt. Zusätzlich wird die Kreditnachfrage des Staates in ihrer Auswirkung auf die Kreditmenge in den Punkten B_1, B_2 und B_3 erfaßt. Punkt Z auf der Abszisse bezeichnet die Kreditmenge, die entsprechend der Bundesbankpolitik maximal zu realisieren ist.

Das Kreditangebot setzt sich aus der privaten Ersparnis, dem im Rahmen der Geldmengenpolitik zugelassenen Nettokapitalimport, der Giralgeldmenge sowie der Zentralbankgeldmenge zusammen[26]. Für die graphische Darstellung sei eine konjunkturunabhängige gegebene Ersparnis unterstellt. Mit dieser Annahme ist es möglich, durch Verteilungswirkungen hervorgerufene Änderungen der Ersparnis unberücksichtigt zu lassen[27]. Die staatliche Kreditnachfrage führt nun je nach Konjunktursituation zu verschiedenen Ergebnissen. Diese Kreditnachfrage wird in der Zeichnung durch eine Rechtsverschiebung der Kreditnachfragekurve erfaßt.

In der Rezession erhöht sich die Kreditmenge durch die staatliche Kreditnachfrage von A_1 auf B_1. Der Zins bleibt unverändert bei Z_1 und die außerstaatliche Kreditnachfrage wird nicht beeinträchtigt. A_1 und A'_1 stimmen überein.

In einer Normallage, gekennzeichnet durch den gekrümmten Verlauf der Kreditangebotskurve, ist die Situation schon erheblich verändert. Die Kreditmenge erhöht sich nicht um die gesamte staatliche Nachfrage, sondern nur auf B_2. In Höhe der schraffierten Fläche drängt der Staat andere Kreditnachfrager zurück. Die Kreditmenge für den außerstaatlichen Bereich sinkt von A_2 auf A'_2. Diese Verdrängung[28] wird durch die Zinssteigerung von z_2 auf z_3 hervorgerufen.

---

[26] Vgl. Gandenberger, O.: Öffentliche Verschuldung, S. 484.

[27] Siehe dazu Abschnitt E in diesem Kapitel, S. 76 ff.

[28] Zu einem Überblick über die Crowding out Diskussion in der amerikanischen Literatur vgl. Carlson, K. M., und Spencer, R. W.: Crowding Out and Its Critics, in: Federal Reserve Bank of St. Louis, Band 57, Nr. 12, St. Louis 1975, S. 2 ff.

Figur 1: Zins- und Verdrängungswirkungen staatlicher Kreditnachfrage (komparativ-statische Betrachtung)

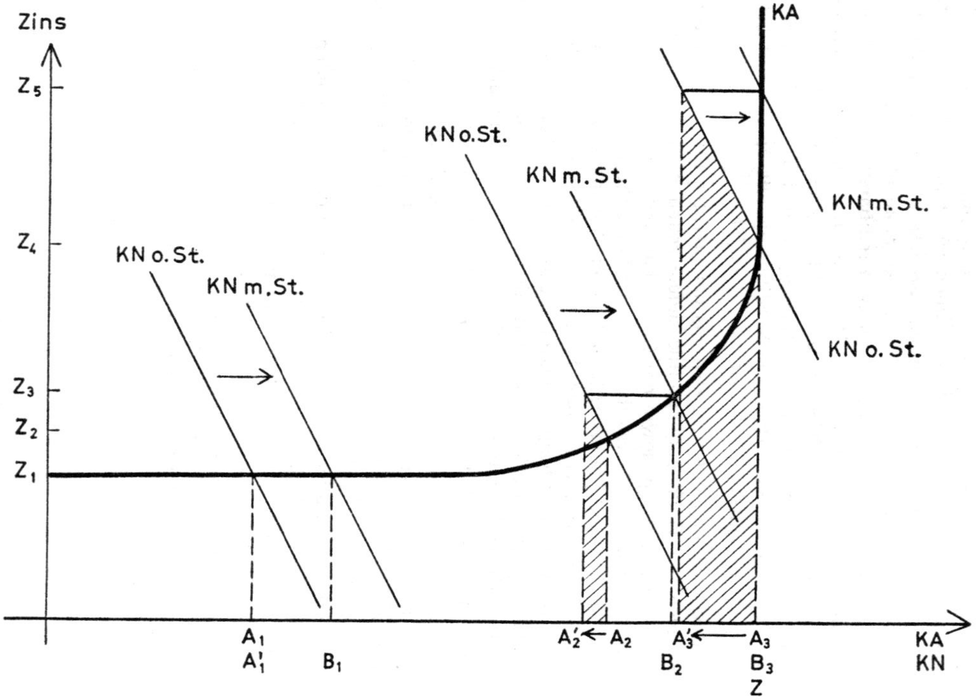

KN = Kreditnachfrage; KA = Kreditangebot; o. St. = ohne Staat; m. St. = mit Staat.

Verstärkt tritt diese Wirkung bei einer Kreditaufnahme des Staates in der Hochkonjunktur auf. Die ohnehin angespannte Lage auf den Geld- und Kapitalmärkten wird durch die Staatsverschuldung noch gespannter. Die erhöhte Kreditnachfrage hat überwiegend nur noch Zins- und keine Mengenwirkungen mehr. Der Staat verdrängt andere Nachfrager also nahezu in voller Höhe seiner eigenen Kreditaufnahme[29]. In der Grafik zeigt die schraffierte Fläche den Verdrängungsvorgang, wiederum hervorgerufen durch die hohe Zinssteigerung von z_4 auf z_5. Die Kreditmenge bleibt bei A_3, stimmt also mit B_3 überein, aber die Kreditversorgung des nichtstaatlichen Sektors geht um den Betrag der staatlichen Kreditaufnahme auf A'_3 zurück[30].

2. Zinswirkungen und Grenzen der Kreditaufnahme

Was sind nun im einzelnen die Ursachen für das Auftreten von Engpässen, und welche Wirkungen verbergen sich hinter der Verdrängung nichtstaatlicher Kreditnachfrager?

Vor allem in Aufschwungphasen besteht die Gefahr, daß der Staat von einer Konjunkturbelebung, die er anstrebt und die er über die Kreditaufnahme auch zu erreichen sucht, überrascht wird. In einer Phase, in der die Unternehmen vermehrt Erweiterungsinvestitionen vornehmen und damit ein sprunghaft ansteigender Finanzierungsbedarf entstehen kann, sind Engpässe der geschilderten Art möglich. Gelingt es dem Staat dann nicht mit einer verringerten Ausgabetätigkeit oder durch höhere Steuereinnahmen den Kreditbedarf erheblich einzuschränken, sind Engpässe und damit verbunden Zinserhöhungen unvermeidbar. Zinssteigerungen führen zu einer Verminderung der nichtstaatlichen Kreditnachfrage, vor allem der Kreditnachfrage von Unternehmen. Da aber Kredite von den Unternehmen überwiegend zur Investitionsfinanzierung aufgenommen werden, liegt die Vermutung nahe, daß gerade für einen Konjunkturaufschwung entscheidende Investitionen,

[29] Im allgemeinen kann man beim Staat aufgrund schwer durchführbarer Rentabilitätsüberlegungen eine geringere Zinsempfindlichkeit als bei den Privaten unterstellen. Vgl. Epping, G., und Schmidtmeier, W.: Zinsempfindlichkeit der öffentlichen Hand und Finanzreform, Speyerer Arbeitshefte Nr. 11, Speyer 1976, S. 58.

[30] Die beschriebenen Wirkungen sind je nach Verlauf der Angebots- und Nachfragefunktionen unterschiedlich. Hier kommt es nur darauf an, Tendenzaussagen zu machen, ohne damit alle denkbaren Einzelfälle abhandeln zu wollen.

besonders aber Erweiterungsinvestitionen, bedingt durch den staatlichen Verdrängungsprozeß, unverwirklicht bleiben[31]. Dies muß nicht unbedingt an der Zinselastizität einzelner Investitionen liegen. Hier können auch Inflationsängste und ein mangelndes Zutrauen zur staatlichen Finanzpolitik hemmend auf die langfristig orientierten Investitionsentscheidungen einwirken[32].

Es ist aber nicht so, daß bei jeder Art von Kreditaufnahme solche Schwierigkeiten auftreten müssen. Um dies zu verdeutlichen, empfiehlt sich eine Unterteilung der staatlichen Kreditaufnahme in zwei Gruppen. Der wissenschaftliche Beirat beim Bundesministerium der Finanzen und der Sachverständigenrat zur Begutachtung der gesamtwirtschaftlichen Entwicklung teilen das staatliche Defizit auf, und zwar in einen konjunkturellen und einen strukturellen Teil[33].

Das konjunkturelle Defizit ist der Reflex auf die konjunkturelle Entwicklung innerhalb einer Volkswirtschaft. Das konjunkturelle Defizit entsteht dadurch, daß der Staat auch in Rezessionsphasen darum bemüht ist, seine Aufgaben und damit seine Ausgaben stetig durchzuführen. Dazu muß er konjunkturbedingte Einnahmeausfälle bei Steuern, Gebühren und Beiträgen durch eine Kreditaufnahme ausgleichen. Je stärker die Rezession ist, um so größer sind die Einnahmeausfälle und damit auch die konjunkturell bedingten Neuverschuldungen. Mit einer sich belebenden Wirtschaftsentwicklung reduziert sich gleichsam automatisch dieses konjunkturelle Defizit. Bei einer Vollauslastung des Produk-

---

31 Vgl. Wissenschaftlicher Beirat beim Bundeswirtschaftsministerium: Fragen . . ., S. 15.

32 Vgl. Sachverständigenrat: Jahresgutachten 1975, Ziff. 228.

33 Vgl. Wissenschaftlicher Beirat beim Bundesministerium der Finanzen: Zur Lage und Entwicklung der Staatsfinanzen, Dokumentation des Bundesministeriums der Finanzen, 15/75, Bonn, 1975, S. 1. Vgl. ferner Sachverständigenrat: Jahresgutachten 1975, Ziff. 424. Das strukturelle Defizit in der Definition des Sachverständigenrates ist allerdings um den Betrag einer Normalverschuldung kleiner als das strukturelle Defizit in der Definition des Beirates. Zu näheren Einzelheiten des strukturellen Defizits vgl. auch Ehrlicher, W.: Das strukturelle Defizit, in: Wirtschaftsdienst, Heft 11, Hamburg 1975, 55. Jg., S. 449 - 453. Hier werden auch die Risiken, die mit einem strukturellen Defizit verbunden sind, angesprochen.

tionspotentials gibt es schließlich keine konjunkturbedingten Einnahmeausfälle mehr und damit ist auch das konjunkturelle Defizit verschwunden.

Als strukturell werden hingegen solche Defizite bezeichnet, die sich nicht automatisch mit der Konjunkturbelebung zurückbilden. Dabei ist es gleichgültig, ob der Entstehungsgrund für dieses Defizit konjunkturell oder nicht konjunkturell war. Das strukturelle Defizit besteht auch noch bei einer Vollauslastung und normal fließenden Einnahmen. Nur gesonderte Maßnahmen auf der Ausgaben- und/oder Einnahmenseite des Staatshaushalts können zur Beseitigung des strukturellen Defizits beitragen. Da sich dieses Defizit also nicht automatisch mit der Wirtschaftsbelebung zurückbildet und sich damit nicht an die gegebenen Finanzierungsmöglichkeiten anpaßt, wird es in erster Linie für Engpässe bei der Kapitalaufbringung verantwortlich zu machen sein.

Der konjunkturelle Teil des Defizits kann eigentlich nur im Falle einer explosionsartigen Konjunkturentwicklung zu einem Engpaß beitragen, wenn die Steuereinnahmen erst mit einer gewissen Verzögerung auf den Konjunkturaufschwung reagieren. Der Finanzbedarf des Staates vermindert sich dann nach wie vor entsprechend dem gemäßigten Anstieg der Steuereinnahmen, während gleichzeitig ein erheblich gesteigerter Kreditbedarf bei den Unternehmen entsteht.

Kommt es nun tatsächlich schon allein durch ein konjunkturelles Defizit in einer Aufschwungphase zu einem Engpaß und damit zu einer Verdrängung nichtstaatlicher Kreditnachfrager, so muß man von einer Grenze für die Kreditaufnahme des Staates sprechen. Denn wenn vor allem Investitionen durch die Zinssteigerungen verhindert werden, gefährdet die Kreditfinanzierung staatlicher Ausgaben ihre eigenen Zielsetzungen der Konjunkturstabilisierung und -belebung. Dies wiegt um so schwerer, als gerade bei zunehmender Kapazitätsauslastung der Übergang zu Erweiterungsinvestitionen entscheidend dafür ist, ob sich die Konjunktur über verschiedene Anstoßwirkungen aus eigener Kraft weiterentwickelt und damit die staatlichen Stabilisierungsbemühungen überflüssig macht[34]. Die Gefahr, daß der Staat im geschilderten Maße von einer explosiven Konjunkturbelebung überrascht wird, ist allerdings nicht sehr groß. Den besonders bedeutsamen Erweiterungsinvestitionen pflegen Lagerinvestitionen, zunehmende Kapazitätsauslastung, steigende Auftragseingänge und -bestände, Neueinstellungen von Arbeitskräften und eine zunehmende Zahl an Überstunden vorauszugehen. Zudem werden nicht alle Branchen und Sektoren gleichzeitig mit Erweiterungsinvestitionen reagieren. Wenn man davon ausgeht, daß von den ersten schwachen Aufschwungtendenzen bis zu einer Vollauslastung der Kapazitäten je nach Ausgangslage und Wachstum ein bis drei Jahre vergehen[35], dann bleibt dem Staat dieser Zeitraum, um sich auf den Fall eines Engpasses bei der Kapitalaufbringung einzustellen. Für diesen Fall muß er allerdings Vorsorge treffen, die ihm eine Verminderung seiner Kreditaufnahme ermöglicht. Im Zweifel muß er Ausgaben so lange verschieben, bis sich die Steuereinnahmen an die starke Konjunkturbelebung angepaßt haben. Die Ausgaben kann er dann später mit den Mitteln finanzieren, die eigentlich zur Rückführung des strukturellen Defizits gedacht waren.

Es ist zwar wichtig, daß der Staat sich in der beschriebenen Weise verhält, aber ebenso entscheidend ist, daß die außerstaatlichen Kreditnachfrager und -anbieter dem Staat eine solche Verhaltensweise überhaupt zutrauen. Fehlt nämlich dieses Vertrauen zur staatlichen Finanzpolitik, so wird man automatisch mit der Staatsverschuldung Engpässe bei der Kapitalbeschaffung und dadurch hervorgerufene Zinssteigerungen erwarten[36], und damit eine Konjunkturbelebung zumindest anzweifeln. Gleichzeitig verschlechtern sich die Zukunftserwartungen der Unternehmer und damit schwindet ein

---

[34] Deswegen liegt wohl auch für Berg das Hauptproblem der öffentlichen Schuldenpolitik darin, den staatlichen Kreditbedarf bis zur Frühphase eines konjunkturellen Aufschwungs zu reduzieren. Vgl. Berg, G.: Grenzen der öffentlichen Verschuldung, in: Wirtschaftsdienst, Heft 11, Hamburg 1975, 55. Jg., S. 572.

[35] Vgl. Sachverständigenrat: Jahresgutachten 1975, Ziffer 425. Hier wird eine Normalauslastung nach drei Jahren für erreichbar angesehen.

[36] Vgl. Sachverständigenrat: Jahresgutachten 1975, Ziffer 228.

wichtiger Impuls für Investitionsentscheidungen. Wenn zudem ein Unternehmer, wie es die Regel ist, zu einer Investitionsdurchführung Fremdkapital benötigt, und gleichzeitig damit rechnet, daß der Staat durch seine Kreditfinanzierung den Zins in die Höhe treibt, so erhält er zusätzliche Gründe, die ihn an der Richtigkeit seiner Investitionsentscheidung zweifeln lassen[37].

Dieses mangelnde Zutrauen zur staatlichen Finanzpolitik war wohl im Sommer 1975 für einen Anstieg der Zinsen verantwortlich, der aus den ökonomischen Daten nicht zu erklären war. Man glaubte, daß die hohe Kreditaufnahme des Staates verbunden mit einer erwarteten Konjunkturbelebung für 1976 zu beschleunigter Geldentwertung und damit zu konjunkturdämpfenden Stabilisierungsmaßnahmen führen müßte. Dadurch waren die Kreditanbieter nicht mehr bereit, ihre Mittel langfristig und zu marktgerechten Zinsen zur Verfügung zu stellen, sondern forderten in Erwartung steigender Preise und steigender Zinsen eine Rendite, die dieser erwarteten Entwicklung schon angepaßt war und damit zwangsläufig den aktuellen Zins hinauftrieb[38].

Schwierigkeiten dieser Art sind verstärkt zu erwarten, wenn neben dem konjunkturellen ein strukturelles Defizit besteht, also ein Defizit, daß sich nicht mit dem Konjunkturaufschwung zurückbildet und bei Vollauslastung verschwunden ist. Je größer das strukturelle Defizit ist, um so geringer ist die Chance, es durch Ausgabeneinschränkungen oder Einnahmeverbesserungen zu beseitigen. Um so größer ist die Gefahr, daß der Staat, wenn er zur Deckung des Defizits zur Kreditaufnahme greift, private Kreditnachfrager und damit vorwiegend private Investitionen behindert oder gar verhindert. Eine Konjunkturbelebung wird auf diese Weise unnötig erschwert. Wenn es tatsächlich zu einer derartigen Konstellation kommt, ist wohl mit Recht von einer Grenze der Kreditaufnahme zu sprechen. „Diese Gefahr der Ver-

---

37 Vgl. Schmidt, K.: Öffentliche Neuverschuldung . . ., S. 48.

38 Vgl. zu näheren Einzelheiten, Geschäftsbericht der Deutschen Bundesbank für das Jahr 1975, Frankfurt 1976, S. 6 f.

drängung (‚crowding out') des nichtstaatlichen Sektors vom Kredit- und Kapitalmarkt hat angesichts der enorm angewachsenen und vielfach strukturell bedingten Staatsverschuldung steigende Beachtung gefunden[39]." Es muß deshalb im Interesse des Staates liegen, sein strukturelles Defizit zu beseitigen[40], oder es bestenfalls gar nicht erst entstehen zu lassen.

Die negativen Wirkungen der Verdrängung privater Kreditnachfrager sind allerdings allein durch die Behinderung eines Konjunkturaufschwungs nicht ausreichend behandelt. Die Kreditaufnahme ist nur so lange mit positiven Stabilisierungswirkungen verbunden, wie sie sich weitgehend ohne Verdrängungseffekte durchführen läßt. Die Verdrängung privater Investitionen hat darüber hinaus auch mittel- und langfristig negative Wachstumsfolgen.

„Aus wachstumsökonomischen Gründen zog die traditionelle Verschuldungslehre eine Steuerfinanzierung der Kreditfinanzierung vor, da sie davon ausging, daß eine Steuererhöhung lediglich den privaten Konsum berühren würde[41]." Die Richtigkeit dieser Auffassung hängt allerdings weitgehend von der zur Diskussion stehenden Art der Steuererhöhung ab. Je nachdem, ob es sich hierbei um eine Verbrauch-, Einkommen- oder um eine Investitionsteuer handelt, sind verschiedene Ergebnisse zu erwarten. Eine Verbrauchsteuer nach der Art der deutschen Mehrwertsteuer belastet nur den Konsum und nicht die Investitionen. Hier stimmt also die traditionelle Betrachtung. Eine Einkommensteuer geht nach Maßgabe der marginalen Konsumquote zu Lasten des Konsums und mindert entsprechend der marginalen Sparquote die Ersparnis. Bei Vollbeschäftigung kommt es damit in Höhe der geringeren Ersparnis auch zu einer Abnahme der investierbaren Mittel. Die Einkommensteuererhöhung

---

39 Schmitz, W., Die antizyklische Konjunkturpolitik — eine Illusion, Frankfurt 1976, S. 191.

40 Vgl. Bundesministerium der Finanzen, Finanzbericht 1977, Bonn 1977, S. 90.

41 Görgens, H., Sollen die Investitionen des Staates durch Kredit finanziert werden?, in: RWJ-Mitteilungen, 20. Jg., Essen 1969, S. 16.

berührt also sowohl den Konsum als auch die Investitionen. Allerdings ist die private Investition um das Produkt aus Steuer- beziehungsweise Anleihebetrag und marginaler Konsumquote höher als im Fall der Anleihefinanzierung[42]. Schließlich kann im Fall einer Investitionsteuer die private Investitionsgüternachfrage im gleichen Maße zurückgehen wie bei der Anleihefinanzierung. Möglicherweise sinkt die Investitionstätigkeit noch stärker, weil die Diskriminierung der Investitionen negativ auf die Investitionsbereitschaft einwirkt. Es ist also nur im Ausnahmefall richtig, daß eine Steuererhöhung lediglich den privaten Konsum berührt und die Investitionen unangetastet läßt. Auch die Steuerfinanzierung öffentlicher Ausgaben kann wachstumshemmend wirken[43]. Im Normalfall behindert jedoch die Kreditfinanzierung, soweit sie mit Verdrängungswirkungen verbunden ist, das Wachstum stärker als die Steuerfinanzierung.

Im Hinblick auf diese wachstumshemmenden Wirkungen der Staatsverschuldung hat man häufig gefordert, daß die Kreditfinanzierung vor allem für wachstumswirksame Ausgaben verwendet werden soll. „Eine öffentliche Schuldenzunahme erscheint ... immer dann vertretbar, wenn die volkswirtschaftlichen Produktivitätseffekte zusätzlicher öffentlicher Ausgaben mindestens so groß sind wie die privatwirtschaftlicher Investitionen ...[44]."

---

[42] Zur formalen Herleitung vgl. Gandenberger, O.: Öffentlicher Kredit und Einkommensverteilung, in: Finanzarchiv, N. F., Band 29, Tübingen 1970, S. 13. Gandenberger kommt zu dem Ergebnis: $I_{PrT} = I_{PrA} + c$. (T bzw. A). (I_{PrT} = Private Investitionen im Steuerfall. I_{PrA} = Private Investitionen im Anleihefall. c = marginale Konsumquote.) Die private Investition bei Steuerfinanzierung ist um den Betrag der Steuer beziehungsweise Anleihefinanzierung multipliziert mit der marginalen Konsumquote größer als im Fall der Steuerfinanzierung. Siehe mit dem gleichen Ergebnis Meister, K.: Das Problem der Last in der Theorie der öffentlichen Schuld, Diss. Nürnberg 1967, S. 88 f.

[43] Vgl. Müller, R.: Die öffentliche Verschuldung als wirtschaftspolitisches Instrument, in: Ökonomische Fragen der öffentlichen Verwaltung I, von Müller, R., und Röck, W., Baden-Baden 1976, S. 139.

[44] Wissenschaftlicher Beirat beim Bundesministerium für Wirtschaft: Fragen ..., S. 8. Ebenso Müller, R.: „Der damit verbundene Rückgang des Wirtschaftswachstums wird allerdings kompensiert oder mehr als ausgeglichen, wenn die Produktivitätseffekte zusätzlicher Ausgaben so groß oder gar größer sind als die privater Investitionen." Die öffentliche Verschuldung ..., S. 139. Siehe hierzu ausführlich Kapitel 4 F, S. 142 ff.

Es ist zwar richtig, daß öffentliche wachstumswirksame Ausgaben für sich genommen den aus der Kreditfinanzierung resultierenden Wachstumsverlust kompensieren oder gar übertreffen können, damit ist aber keineswegs widerlegt, daß das gesamtwirtschaftliche Wachstum bei einer Steuerfinanzierung höher ist als bei der Kreditfinanzierung[45]. Aus wachstumspolitischen Gründen könnte die Staatsverschuldung jedoch rational sein, wenn sie übersteigerte Wachstumsraten im Sinne einer Verstetigung des Wachstums verhindern soll. Eine kontinuierliche, sich stetig entwickelnde Wachstumsrate des Sozialproduktes ist für die langfristige Planung und für die Sicherheit der einzelnen Entscheidungen wesentlich günstiger zu beurteilen als ein Wachstum in hektischen Ausschlägen. So besteht die Gefahr, daß aufgrund kurzfristiger Nachfrageüberhänge in einzelnen Sektoren Kapazitäten geschaffen werden, die über die mittelfristig zu erwartende Nachfrage hinauszugehen drohen. Als Beispiel kann auf die Überkapazitäten der Bauwirtschaft in der Vergangenheit hingewiesen werden. So nimmt derzeit auch die Automobilindustrie gewisse Selbstbeschränkungen bei ihrer Investitionstätigkeit auf sich, da die Automobilbranche mittelfristig mit einem Nachlassen der stürmischen Autonachfrage rechnet.

Die Strategie der Wachstumsverstetigung in der Hochkonjunktur mit Hilfe des öffentlichen Kredits und über eine Verdrängung privater Investitionen scheitert allerdings, nicht zuletzt aus folgenden Überlegungen.

Die relative Zinsempfindlichkeit der Wohnungsbauinvestitionen läßt zwar noch die Hoffnung zu, daß der öffentliche Kredit auf die Wohnungswirtschaft eine dämpfende Wirkung ausübt. Für andere Branchen und Sektoren sind aber Zweifel am Platze. Es besteht vor allen Dingen die Gefahr, daß die Zinssteigerungen eben nicht die erforderlichen Sektoren und Branchen treffen, sondern unter Umständen gerade besonders langfristige, risikoreiche Investitionen drosseln, die zudem einen erheblichen Beitrag zum technischen Fortschritt geliefert hätten. Dies muß wie gesagt nicht so sein, aber die

[45] Mit gleichem Ergebnis: Wissenschaftlicher Beirat beim Bundesministerium für Wirtschaft und Finanzen, Finanzerung . . ., S. 28.

Wirkungen der Zinssteigerungen sind im einzelnen so ungewiß, daß von dem Einsatz der Kreditaufnahme zur Verstetigung des Wachstums und zur Vermeidung falscher Angebotsstrukturen abgeraten werden muß.

Die staatliche Kreditaufnahme fördert allerdings ein stetiges Wachstum, wenn sie eine abrupte, mit Anpassungsschwierigkeiten verbundene Steuererhöhung vermeiden hilft oder an die Stelle von wachstumsfeindlichen Steuern und Steuererhöhungen tritt[46]. Ein Finanzierungsbedarf entsteht beispielsweise, wenn sich aufgrund einer unzureichenden Infrastruktur Wachstumshindernisse innerhalb einer Volkswirtschaft ergeben. „Fehlende Infrastruktur kann künftiges Wachstum unmöglich machen. Umgekehrt ist das Angebot von Infrastruktur ein wesentliches Stimulans des Wirtschaftswachstums[47]." Die Bereitstellung einer dem Entwicklungsstand der Volkswirtschaft angepaßten Infrastruktur gehört zu einer der wichtigsten Aufgaben des Staates innerhalb einer marktwirtschaftlichen Ordnung. Die Kreditfinanzierung eines Nachholbedarfs an Infrastrukturinvestitionen verhindert im Vergleich zu abrupten Steuererhöhungen 1. negative Wachstumswirkungen und damit eine Beeinträchtigung der positiven Wachstumsimpulse aus der Infrastrukturentwicklung, und 2. ermöglicht sie die Erfüllung wichtiger Staatsaufgaben.

Abgesehen von diesem Fall der Infrastrukturfinanzierung, ist der öffentliche Kredit ganz generell geeignet, Ausgaben zu finanzieren, bei denen aus ökonomischen oder auch aus politischen Gründen eine anderweitige Finanzierung nicht in Frage kommt und die nur zu Lasten einer stetigen Entwicklung aufgeschoben werden können. In dem Maße, in dem die staatliche Kreditaufnahme in diesem Sinn eine Überbrückungsfunktion erfüllt, kann sie also gleichzeitig ein stetiges Wachstum fördern.

---

46 Wachstumsfeindlich sind Investitionsteuern sowie alle Steuern, die nicht gewinnabhängig sind, sondern die Substanz besteuern können.

47 Bombach, G.: Konsum oder Investitionen für die Zukunft?, in: Aufgabe Zukunft: Qualität des Lebens, Band 7, Qualitatives Wachstum, Frankfurt 1973, S. 57.

Gerade aber die negativen Wachstumswirkungen der Staatsverschuldung machen wohl deutlich, daß in Aufschwungphasen und erst recht bei Vollauslastung des Produktionspotentials unter dem Gesichtspunkt der Stabilisierung ein Haushaltsdefizit nicht mehr vorhanden sein oder entstehen darf.

Damit wird aber die Gefahr eines strukturellen Defizits für die Stabilisierungsbemühungen noch einmal unterstrichen. Die Vermeidung eines strukturellen Defizits bereitet aber deshalb besondere Schwierigkeiten, weil es sowohl aus konjunkturellen als auch aus nichtkonjunkturellen Gründen entstehen kann. Im ersten Fall ist der Entstehungsgrund überzeugend und richtig, die mittel- und langfristigen Auswirkungen sind freilich negativ zu beurteilen.

So kann ein strukturelles Defizit auch durch eine antizyklische Politik in der Vergangenheit verursacht sein. Dies ist immer dann der Fall, wenn konjunkturelle Maßnahmen Platz greifen, die über eine gegenwärtig bestehende Rezession hinaus entweder zu erhöhten Ausgaben oder zu verminderten Einnahmen führen. Wenn der Staat in der Rezession aus konjunkturellen Gründen etwa vermehrt Personal einstellt, so muß er die Personalkosten auch bei Wiedererreichung der Vollbeschäftigung weiter bezahlen. Bei gleichzeitig unveränderten sonstigen Ausgaben ergibt sich ein dementsprechendes zusätzliches Defizit. „Jede unter dem Deckmantel der Konjunkturpolitik durchgesetzte Daueretablierung zusätzlicher staatlicher Ansprüche an das reale Sozialprodukt birgt trotz des zur Zeit ausreichend vorhandenen Produktionspotentials die Gefahr einer Verschärfung der gegenwärtigen Beschäftigungskrise in sich[48]."

In ähnlicher Weise führen konjunkturell bedingte Steuersenkungen zu einem dauerhaften und nicht nur vorübergehenden Defizit, wenn beispielsweise anstelle zeitlich begrenzter Steuersatzvariationen eine dauerhafte Änderung der Steuerbelastung beschlossen wird.

---

48 Dieckheuer, G., Möglichkeiten und Risiken einer kreditfinanzierten Stabilisierungspolitik, in: Wirtschaftsdienst, 58. Jg., Heft 11, Hamburg 1977, S. 558.

Neben solchen, ihr eigentliches Ziel gefährdenden Stabilisierungsmaßnahmen führen vor allem die Kreditaufnahmen, die auf Dauer und konjunkturunabhängig erfolgen, zu einem strukturellen Defizit. Die dann mit der Kreditaufnahme verbundenen Verdrängungs- und Wachstumswirkungen sind nur dann zu akzeptieren, wenn sie aus Gründen der Lastverteilung bewußt in Kauf genommen werden oder aus Gründen der Überbrückung die negativen Wirkungen der Kreditfinanzierung geringer sind, als die einer alternativen Steuererhöhung. In allen anderen Fällen wird mit jedem Kreditbetrag, der zu einem strukturellen Defizit führt, die ökonomische Grenze der Kreditaufnahme überschritten[49].

3. Preiswirkungen und Grenzen der Kreditaufnahme

Bei der Kapitalaufbringung entstehen — wie gezeigt wurde — Engpässe immer dann, wenn die Geld- und Kreditnachfrage über das jeweilige Angebot hinausgeht. Solange es der Bundesbank gelingt, das gesamtwirtschaftliche Geldangebot in dem Rahmen zu halten, in dem sich das Produktionspotential entwickelt, mag es zwar zu Zinssteigerungen kommen, aber die Preise können als weitgehend stabil betrachtet werden. Die monetär wirksame Nachfrage kann nämlich innerhalb der bestehenden Kapazitäten befriedigt werden. „Die Vermehrung des Kreditvolumens muß sich im Rahmen des Zuwachses des Gesamtangebotes halten; eine unabdingbare Voraussetzung für die Gewährleistung der Preisniveaustabilität[50]."

Gelingt es nun der Bundesbank nicht, aus welchen Gründen auch immer, die Geldmenge stabilitätskonform zu steuern, so muß in all den Fällen, in denen es unter einer konsequenten und erfolgreichen Geldmengenpolitik zu Engpässen und Zinswirkungen bei der Kapitalaufnahme des Staates gekommen wäre, mit Preissteigerungen gerechnet werden. Damit lassen

---

[49] Ob dies auch für die Normalverschuldung nach dem Konzept des Sachverständigenrates gilt, wird im dritten Kapitel geprüft werden.

[50] Wittmann, W.: Versuch einer volkswirtschaftlichen Theorie des öffentlichen Kredits, in: Jahrbücher für Nationalökonomie und Statistik, Band 179, Stuttgart 1966, S. 283.

sich die Ergebnisse aus dem vorigen Abschnitt weitgehend auch auf die Fragen der Preiswirkungen der Staatsverschuldung übertragen.

Je geringer der Auslastungsgrad des Produktionspotentials ist, um so unwahrscheinlicher ist es auch, daß die Staatsverschuldung mit inflationären Wirkungen verbunden ist. Mit zunehmendem Auslastungsgrad steigt die Gefahr, daß die staatliche kreditfinanzierte Nachfrage zunächst nur in Einzelbereichen, später aber in der gesamten Volkswirtschaft auf Kapazitätsgrenzen stößt, und so Preissteigerungen hervorruft[51]. Damit können sich aus der Verletzung der Preisniveaustabilität also vor allem in Aufschwungphasen und bei Vollbeschäftigung Grenzen für die Kreditaufnahme des Staates ergeben.

In Zeiten der Vollbeschäftigung ist es ganz deutlich, daß sich mit der Staatsverschuldung verbundene Preiswirkungen nur dann vermeiden lassen, wenn in der Höhe der staatlichen Kreditaufnahme Nachfrage bei den nichtstaatlichen Sektoren ausfällt. Kreditfinanzierte Staatsnachfrage kann bei Vollbeschäftigung nur stabilitätskonform sein, wenn sie an die Stelle anderer Nachfrage tritt. Entsteht sie aber zusätzlich neben der schon vorhandenen Nachfrage, so sind Preiserhöhungen zu erwarten. „Banal gesagt, ist die zusätzliche Staatsverschuldung dann geldwertneutral, wenn den privaten Wirtschaftssubjekten soviel wirksame Nachfrage entzogen wird, wie der Staat in Anspruch nehmen will[52]." Je geringer also die Entzugswirkungen der staatlichen Kreditaufnahme sind, um so eher sind Inflationswirkungen durch die kreditfinanzierten Staatsausgaben zu erwarten. Dies ist auch der Grund, warum in der Bundesrepublik eine direkte Notenbankfinanzierung der staatlichen Kreditaufnahme auf die Kassenverstärkungskredite beschränkt bleibt[53].

---

[51] Vgl. Burkheiser, K.: Grenzen des Staatskredits, Berlin 1937, S. 63.

[52] Hoffmann, D. H., Staatsverschuldung und Geldwertstabilität, in: Geldwertverschlechterung und Kapitalmarkt, Schriftenreihe des Instituts für Kapitalmarktforschung, Nr. 5, Frankfurt 1972, herausgegeben von Bruns, G., und Häuser, K., S. 57. Vgl. auch Kolms, H., Finanzwissenschaft IV — 2. Auflage, Berlin 1976, S. 63.

[53] Vgl. § 20 BBkG, BGBl. I 1957, S. 745 ff.

Die staatliche Kreditaufnahme muß, wenn sie unter den hier angenommenen Bedingungen stabilitätskonform sein soll, die Konsum- und/oder Investitionsneigung der Privaten dämpfen[54].

Ein Dämpfungsmechanismus wurde bereits mit den Zinswirkungen angesprochen. Diese Verdrängungseffekte sind allerdings bei einer nicht funktionierenden Geldmengensteuerung nicht zu erwarten.

Eine andere Möglichkeit besteht zumindest theoretisch darin, die Konsumnachfrage der Privaten über eine Erhöhung der Sparquote einzuschränken. Auf diese Weise wäre dann Platz geschaffen für eine inflationsneutrale staatliche Kreditaufnahme. Unter anderen hat auch Bartel in diesem Zusammenhang den Vorschlag gemacht, die Schuldenpolitik des Staates vermögenswirksam auszugestalten, um auf diesem Wege über eine Erhöhung der Sparquote den notwendigen Spielraum für die staatliche Kreditnachfrage sowohl monetär als auch real zu schaffen[55]. Zweifelsohne ist es richtig, daß die Zunahme der Staatsschulden so lange stabilitätspolitisch unbedenklich ist, wie sie zusätzlichen privaten Ersparnissen entspricht[56]. In Theorie und Praxis besteht allerdings weitgehend Einigkeit darüber, daß eine Kreditaufnahme des Staates das Konsum- und Sparverhalten unangetastet läßt. Öffentliche Anleihen werden in der Regel aus ohnehin geplanten Ersparnissen gezeichnet und absorbieren damit Sparmittel, die sonst zur Finanzierung anderer Kreditwünsche zur Verfügung gestanden hätten[57].

Wenn der Staat seine Kredite aber über ohnehin geplante Ersparnisse finanziert, verhindert er in diesem Umfang die monetäre Versorgung der Nachfrage anderer Wirtschaftssubjekte. Es fällt dann entsprechend Nachfrage aus und da-

---

[54] Vgl. Sachverständigenrat: Jahresgutachten 1970, Ziffer 346 sowie Wissenschaftlicher Beirat beim Bundesministerium für Wirtschaft und Finanzen: Finanzierung . . ., S. 26.

[55] Vgl. Bartel, K.: Öffentliche Infrastruktur oder privates Vermögen, Volkswirtschaftliche Schriften, Heft 223, herausgegeben von Broermann, J., Berlin 1975, S. 177 ff.

[56] Vgl. Sachverständigenrat: Jahresgutachten 1970, Ziffer 344.

[57] Vgl. Kapitel 1 D über die Vermögensbildungsfunktion, S. 25 ff.

mit steht dem Staat ein Teil des Güter- und Faktorangebots zur Verfügung, den er dann ohne wesentliche Preissteigerungen beanspruchen kann. In der Regel wird der Staat Investitionsnachfrage von Unternehmen und über die Zurückdrängung von Konsumentenkrediten Nachfrage nach längerlebigen Konsumgütern verhindern.

Dieses Bild stimmt aber nur unter der Voraussetzung einer stabilitätspolitisch orientierten Geldpolitik[58]. Läßt die Notenbank über das stabilitätskonforme Maß hinaus Geld- und Kreditschöpfung zu, so schafft sie eine monetäre Nachfrage, die über das reale Angebot hinausgeht und damit zwangsläufig Preissteigerungen hervorruft[59]. Bei Vollbeschäftigung und lascher Geldpolitik ergeben sich daher in jedem Fall Grenzen für die Kreditaufnahme aus der Verletzung der Preisniveaustabilität[60].

Wenn die kreditfinanzierte Staatsnachfrage in Aufschwungphasen in Branchen oder Sektoren mit überdurchschnittlicher Kapazitätsauslastung zu Kapazitätsengpässen führt, dann kann es trotz einer Unterauslastung des gesamtwirtschaftlichen Produktionspotentials zu Preiswirkungen auf den betreffenden Teilmärkten kommen. Dies führt dann auch zu einer Erhöhung des gesamtwirtschaftlichen Preisniveaus, wenn es nicht auf anderen Teilmärkten zu entsprechenden Preisrückgängen kommt. Preiserhöhungen dieser Art lassen sich aber auch bei einer stabilitätskonformen Geldpolitik kurzfristig nur schwer vermeiden, weil die global ansetzenden geldpolitischen Maßnahmen nicht auf die Erfordernisse in einzelnen Branchen und Sektoren abgestellt werden können[61]. Solange sich die Kreditaufnahme des Staates aber in dem Rahmen einer festen Geldmengenvorgabe bewegen muß

---

[58] Vgl. Görgens, W.: Sollen die Investitionen . . ., S. 14.

[59] Vgl. Wilms, M.: Volkswirtschaftliche Wirkungen einer zunehmenden Staatsverschuldung, in: Wirtschaftsdienst, 58. Jg., Heft 9, Hamburg 1978, S. 442.

[60] Es soll von der theoretischen Möglichkeit eines freiwilligen Nachfrageverzichtes privater Wirtschaftssubjekte zugunsten des Staates abgesehen werden.

[61] Siehe hierzu Grenzen aus der Kreditverwendung, Abschnitt F dieses Kapitels, S. 83 ff.

und Verdrängungseffekte bewußt hingenommen werden, lassen sich Inflationswirkungen, die aus einem Überhang der Gesamtnachfrage über das Gesamtangebot resultieren, relativ wirkungsvoll vermeiden. „Unter der Bedingung eines unelastischen monetären Systems können die nachfragezurückdrängenden Wirkungen einer Kreditaufnahme ... denen einer Steuererhöhung nahe kommen[62]."

Die möglichen Preiswirkungen der staatlichen Kreditaufnahme sind ihrerseits auch eine Verdrängung privater Nachfrager (Crowding-out über Inflation). Die steigenden Preise erlauben mit einem bestehenden Einkommen nur noch real niedrigere Konsum- und Investitionspläne. Dieser Verdrängung können sich bei sofortiger Reaktion nur diejenigen entziehen, die vollkommen frei von Geldillusion sind und über die Forderung von höheren Preisen oder Löhnen einen Ausgleich für die Preissteigerung schaffen. Diese Möglichkeit ist am wenigsten den schwachen und nicht organisierten Mitgliedern einer Gesellschaft gegeben. Über diesen Verdrängungseffekt hinaus besitzt die Inflation weitere negative Begleiterscheinungen, wie Störung der Marktsteuerung über die Preise, damit Anreiz zu einer falschen Allokation sowie eine Benachteiligung der Geldvermögensbesitzer im Vergleich zu den Besitzern von Sachvermögen. Auf die Einzelheiten soll hier nicht weiter eingegangen werden.

4. Schuldaufnahme bei der Notenbank

Einige Autoren fordern eine Direktfinanzierung der staatlichen Kredite bei der Notenbank[63]. Diese Finanzierungsform hilft nach Ansicht dieser Autoren, die negativen Begleiterscheinungen, die mit einer staatlichen Kreditaufnahme verbunden sein können, zu beseitigen. „Die einfachste Form der

---

62 Sachverständigenrat: Jahresgutachten 1974, Ziffer 408.

63 Vgl. Dickertmann, D.: Die Finanzierung von Eventualhaushalten durch Notenbankkredit, Finanzwissenschaftliche Forschungsarbeiten, N. F., Heft 42, herausgegeben von G. Schmölders, Berlin 1972, vor allem S. 156 ff. Vgl. ferner Albers, W.: Haushaltsrechtliche Grundlagen und elastische Durchführung einer konjunkturgerechten Finanzpolitik, in: Probleme der Haushalts- und Finanzplanung, Schriften des Vereins für Socialpolitik, N. F. Band 52, herausgegeben von H. Haller, Berlin 1969, S. 95.

Defizitfinanzierung besteht in der Aufnahme von Buchkrediten bei der Bundesbank. ... Finanzierung durch Geldschöpfung ist ... ökonomisch rational und der bisherigen Praxis, staatliche Defizite aus Ersparnissen zu finanzieren, bei weitem überlegen[64]." Die Notenbankfinanzierung soll danach mögliche Verdrängungswirkungen auf dem Geld- und Kapitalmarkt vermeiden, und damit bleiben nach diesen Vorstellungen auch die Zinssteigerungen mit ihrem negativen Einfluß auf die Investitionsentscheidungen aus[65]. Auch unerwünschte Inflationstendenzen wären dann insofern leichter zu verhindern, als die Bundesbank eine volle Kontrolle über die Staatsverschuldung besäße und jede stabilitätsschädliche Kreditaufnahme verhindern könnte.

Auf der Grundlage einer konsequenten, stabilitätsgerechten Geldmengenpolitik der Notenbank ist allerdings kein wesentlicher Unterschied zwischen der Notenbankfinanzierung und einer Kapitalaufnahme am Geld- und Kreditmarkt zu erkennen. Die Geldmenge wird jedes Jahr um einen bestimmten Betrag erweitert. Die Ausdehnung erfolgt über Geldschöpfung. Diese Geldschöpfung kann sich über eine Kreditvergabe der Notenbank an den Staat vollziehen, sie ist aber genausogut möglich über einen Ankauf von Devisen, etwa zur Stützung ausländischer Währungen, weiter über Offen-Markt-Operationen mit nichtstaatlichen Papieren oder auch über Wechselrediskontierung. Auf welche Weise sich die Geldmenge vergrößert, ist jedoch für das Gesamtergebnis letztlich zweitrangig. Insofern ist auch kein Einwand gegenüber einer Geldschöpfung über den Weg der Staatsverschuldung vorzubringen. Füllt die Kreditaufnahme des Staates aber schon alleine den Geldschöpfungsspielraum aus, so ist damit gleichzeitig eine weitere Geldschöpfung über den An-

---

[64] Borchert, M., Schulz, H.: Zur Finanzierung staatlicher Defizite, in: Wirtschaftsdienst, Heft 12, 55. Jg., Hamburg 1975, S. 617.

[65] Die Frage, ob diese Kredite verzinslich oder unverzinslich gewährt werden sollen, kann hier unberücksichtigt bleiben, da dies ökonomisch ohne Bedeutung ist. „Die Zinsausgabe, die der Staat an die Notenbank zahlt, fließt über den Reingewinn der Notenbank wieder an den Staat zurück, der Notenbankkredit ist also auch bei einer formalen Verzinsung letztlich zinslos." Vgl. Albers, W.: Staatsverschuldung und Geld- und Kreditpolitik, in: Finanzarchiv, N. F., Band 21, Tübingen 1961, S. 42.

kauf von Devisen und über sonstige Operationen ausgeschlossen. Damit fehlt der Notenbank aber auch jede Möglichkeit, im Rahmen ihrer eigenen Geldmengenvorgabe noch glättend auf Wechselkursschwankungen oder auf spekulative Bewegungen an den Geld- und Kreditmärkten zu reagieren. Dies ist dann nur noch möglich, wenn die Liquidität, die bei diesen Aktionen geschaffen wird, durch andere kontraktiv wirkende Maßnahmen wieder abgeschöpft wird.

Es läßt sich allerdings nicht erkennen, wie sich bei einer Notenbankfinanzierung der Staatsschulden im Rahmen des Geldmengenziels Engpässe und Zinswirkungen bei der Kreditaufnahme vermeiden lassen, denn der gesamtwirtschaftliche Finanzierungsspielraum bleibt von den unterschiedlichen Arten der Geldschöpfung unbeeinflußt. Allein der Gesamtbetrag der Geldmengenerweiterung ist für ihn entscheidend. Auch bei einer Finanzierung über die Notenbank kommt es deswegen immer dann zu unerwünschten Zinswirkungen, wenn die Finanzierungsansprüche aus dem In- und Ausland über den Betrag hinausgehen, den die Notenbank für finanzierbar hält, ohne dabei ihre eigene Zielsetzung zu verletzen. Entscheidend bleiben damit nach wie vor die Kreislaufzusammenhänge und nicht Variationen in der Technik der Geldversorgung.

Die Befürworter der direkten Kreditaufnahme bei der Notenbank sehen daneben noch einen weiteren Vorteil ihres Vorschlages. Es kann vorkommen, daß sich der Staat aufgrund der Verhältnisse am Geld- und Kapitalmarkt verstärkt kurzfristig verschuldet. Dies führt zu einem erhöhten Umlauf an kurzfristigen Staatspapieren. Wenn diese Staatspapiere gleichzeitig in die Geldmengenregulierung im Rahmen der Offen-Markt-Politik einbezogen sind[66], werden sie bevorzugt von Banken erworben, weil sie verzinslich sind und sich gleichzeitig zur Bildung einer Liquiditätsreserve eignen. Die

[66] Nach Paragraph 21 Bundesbankgesetz sind dies Schatzwechsel, Schatzanweisungen, Schuldverschreibungen und Schuldbuchforderungen, deren Aussteller beziehungsweise Schuldner der Bund, ein Land oder eines der Sondervermögen sind. Vgl. dazu WISU-Studienblatt 1, 1977, Technik der öffentlichen Schuld: Schuldformen; Dickertmann, D., und Berger, P. J., Tübingen 1977. Beilage zur Zeitschrift Das Wirtschaftsstudium, Januar 1977.

Einbeziehung in die Geldmengenregulierung erlaubt nämlich jederzeit einen Verkauf an die Bundesbank, so daß diese Staatspapiere praktisch Geldcharakter besitzen. Je höher nun die Liquiditätsreserven im Bankensektor sind, um so schwieriger wird eine etwa notwendig werdende kontraktive Geldpolitik, weil die restriktiven Maßnahmen der Bundesbank zumindest eine gewisse Zeit über den Abbau von Liquiditätsreserven neutralisiert werden können[67]. Damit entstehen erhebliche Wirkungsverzögerungen der Geldpolitik, die speziell im Aufschwung zu einem unerwünschten Preisanstieg beitragen, weil dann die monetäre Versorgung über den realen Anstieg des Sozialproduktes hinauszugehen droht.

Diese Risiken und Hindernisse für eine restriktive Geldpolitik im Aufschwung entstehen in vermindertem Umfang, wenn der Staat sich in der Rezession bei der Notenbank verschuldet. Es kommen dann keine kurzfristigen oder später einmal kurzfristig fälligen Staatspapiere in Umlauf, und damit erhöht sich auf diesem Wege auch nicht die Liquiditätsreserve bei den Banken. Selbstverständlich vermeidet die Notenbankfinanzierung nicht die Entstehung von Liquiditätsreserven überhaupt. Wenn aber keine Papiere im Umlauf sind, die sich als Bestandteil einer Liquiditätsreserve eignen und gleichzeitig noch vergleichsweise hohe Zinserträge bringen, so entfällt doch zumindest ein Anreiz, Liquiditätsreserven in einem erhöhten Umfang zu bilden. Ohne die relativ hohen Zinserträge aus den Papieren würden die Geschäftsbanken vielleicht eher bemüht sein, ihre nicht verzinslichen Reserven einer anderen Anlageform zuzuführen. Wenn auch die quantitativen Auswirkungen nicht sehr groß sind, so liegt doch im Hinblick auf die Unterstützung der Geldpolitik ein gewisser Vorteil der Verschuldung bei der Notenbank gegenüber der Verschuldung über den Geld- und Kreditmarkt.

Inwieweit sich die Risiken für die Geldpolitik auch durch eine Variation der Finanzierungsformen und durch eine Gewinnung von Nichtbanken als Gläubiger vermeiden lassen,

---

[67] Vgl. Borchert, M., Schulz, H.: Zur Finanzierung . . ., S. 617. Vgl. auch Sachverständigenrat: Jahresgutachten 1974, Ziffer 421.

ist nicht Gegenstand dieser Untersuchung[68]. Dies ist vielmehr eine Frage des „debt management“, das aus der Untersuchung ausgeschlossen bleiben soll[69].

D. Grenzen der Kapitalaufbringung und Lastverteilungsfunktion

Zeitliche Lastverteilungskonzeptionen sollten sich in einem Land wie der Bundesrepublik Deutschland auf der Grundlage des Wachstumsansatzes entwickeln[70]. Die Lastverteilung im Sinne eines Realtransfers scheidet nämlich aus, weil sie eine Auslandsverschuldung und damit einen Kapitalimport voraussetzt. Dies erscheint aber zumindest über den Rahmen dessen hinaus, was im Geldmengenkonzept ohnehin an Kapitalimporten eingeplant ist und mit Rücksicht auf die außenwirtschaftlichen Verflechtungen sowie die internationale politische Verantwortung der Bundesrepublik Deutschland indiskutabel[71]. Eine Orientierung am Lastbegriff von Buchanan würde entgegen den tatsächlichen Möglichkeiten voraussetzen, daß die Nutzeneinbußen, die die Individuen verschiedener Generationen empfinden, meßbar und vergleichbar sind[72].

Aus Gründen der Operationalität und der politischen Praktikabilität soll deswegen im folgenden die Last jeweils im Sinne einer Wachstumseinbuße verstanden werden. Diese Lastdefinition stimmt übrigens dann mit dem Ansatz von Buchanan überein, wenn Konsumverzicht und Nutzeneinbuße gleichgesetzt werden, was allerdings — wie etwa bei einem

---

68 Vgl. Wissenschaftlicher Beirat beim Bundesministerium für Wirtschaft und Finanzen: Finanzierung ..., S. 35 ff. Dort wird zur Gläubigerstruktur der Staatsschulden Stellung genommen.

69 Vgl. dazu beispielsweise Milbradt, G. H.: Ziele und Strategien des debt management, Schriften zur öffentlichen Verwaltung und öffentlichen Wirtschaft, herausgegeben von Eichhorn, P., und Friedrich, P., Band 4, Baden-Baden 1975. Siehe aber auch Gandenberger, O.: Ziele und Strategien der öffentlichen Schuldenpolitik, in: Finanzarchiv, N. F., Band 36, Tübingen 1977, S. 162 ff.

70 Vgl. dazu Kapitel 1 B dieser Arbeit, S. 18 ff.

71 Siehe dazu Abschnitt E 1 dieses Kapitels, S. 72 ff.

72 Vgl. Müller, R.: Die öffentliche Verschuldung ..., S. 146.

freiwilligen Konsumverzicht — nicht immer der Fall zu sein braucht[73].

Die staatliche Kreditaufnahme ermöglicht entsprechend dem durch den Wachstumsansatz beschriebenen Zusammenhang Staatsausgaben ohne Einschränkung der gegenwärtigen Versorgung, also ohne eine augenblickliche Belastung, die erst später in Form eines geringeren Produktionspotentials und damit auch verminderter Konsummöglichkeiten als im Fall der Steuerfinanzierung entsteht[74]. Es lassen sich demnach über die zeitlichen Verteilungswirkungen der Staatsverschuldung eindeutige Aussagen machen.

Diese Form der Lastverteilung bedeutet nun in gewisser Weise eine Einschränkung der bisherigen Ergebnisse. Innerhalb der Stabilisierungsfunktion des öffentlichen Kredits wurden Zinssteigerungen und damit verbundene Verdrängungswirkungen auf dem Kapitalmarkt wegen ihrer negativen Wachstumswirkungen als mögliche Grenze für die Kreditaufnahme erkannt. Unter Berücksichtigung der Lastverteilungsfunktion sind diese Wachstumswirkungen aber gerade die Voraussetzung zu einer wirksamen Lastverteilung. Daher zeigen Engpässe auf dem Kapitalmarkt und damit verbundene Zinswirkungen nur innerhalb der Stabilisierungsfunktion des öffentlichen Kredits Grenzen der Kreditaufnahme an, während diese Grenzen insoweit hinausgeschoben werden, als die Kreditaufnahme aus Gründen der Lastverteilung erfolgt.

Eine mögliche zeitliche Verteilungskonzeption könnte nun darin bestehen, die jeweilige Periode oder Generation mit dem Finanzierungsanteil zu belasten, der dem periodenmäßigen Anteil an den Staatsausgaben entspricht. „Es erscheint in jedem Fall ungerecht zu sein, die augenblicklichen Steuerzahler in Höhe der Gesamtausgaben zur Finanzierung heranzuziehen, richtig dagegen, sie nur mit den Kosten der Nut-

[73] Vgl. zu näheren Einzelheiten Gandenberger, O.: Intertemporale Verteilungswirkungen der Staatsverschuldung, in: Probleme der Staatsverschuldung, Schriften des Vereins für Socialpolitik, herausgegeben v. Haller, H., und Albers, W., N. F., Band 61, Berlin 1972, S. 205 ff.

[74] Vgl. Gandenberger, O.: Der öffentliche Kredit in außerkonjunktureller . . ., S. 54.

zung für die betreffende Periode zu belasten, das heißt in Höhe der erforderlichen Abschreibung und Verzinsung[75]." In Anlehnung an Musgrave spricht man bei einer solchen, der periodenmäßigen Nutzung entsprechenden Finanzierungsart von einer „pay as you use"-Finanzierung[76]. Der öffentliche Kredit erlaubt prinzipiell über entsprechende Tilgungs- und Verzinsungsbedingungen eine dem Periodenverbrauch angemessene äquivalente Aufteilung der Finanzierungslasten. Von einer anderen Seite her gesehen bedeutet dies, daß die Belastung zukünftiger Perioden und Generationen durch die Staatsverschuldung nur dann vertretbar ist, wenn ihr Ausgaben[77] gegenüberstehen, deren Nutzen in der Zukunft diese Last ausgleichen können. So könnte etwa eine Schuldfinanzierung in dem Maße, wie zukunftswirksame Infrastrukturausgaben vorgenommen werden, im Interesse eines zeitlichen beziehungsweise intergenerativen Lastenausgleichs liegen[78, 79].

Im Falle stoßweise anfallender Ausgaben, also bei aperiodisch auftretendem Finanzbedarf, wird der Vorteil der Staatsverschuldung, eine gerechte Verteilung der Finanzierungslasten zu ermöglichen, weitgehend anerkannt[80]. Hier gehen also die Lastverteilungs- und die Überbrückungsfunktion des öffentlichen Kredits Hand in Hand.

Umstritten ist dagegen die Frage, ob die staatliche Kreditaufnahme auch im Falle kontinuierlich vorkommender zukunftswirksamer Ausgaben mit positiven Zukunftswirkungen eine periodengerechte Finanzierung erlaubt.

Der Wissenschaftliche Beirat beim Bundeswirtschaftsministerium äußerte sich im Jahre 1968 zu dem Konzept der pay

---

75 Haller, H.: Finanzpolitik, 5. Auflage, Tübingen 1972, S. 153.

76 Vgl. Musgrave, R. A.: Theorie . . ., S. 72 ff.

77 Hier steht der Begriff Ausgabe, um deutlich zu machen, daß nicht nur von Investitionen Zukunftswirkungen ausgehen.

78 Vgl. Henke, K. D.: Öffentlicher Kredit und Infrastrukturfinanzierung, in: Quartalshefte, Girozentrale und Bank der österreichischen Sparkassen, Jg. 11, Heft 4, Wien 1976, S. 66.

79 Inwieweit hiermit eine Objektbindung zumindest der Idee nach angesprochen oder erforderlich ist, wird in Punkt F dieses Kapitels behandelt.

80 Vgl. Zimmermann, H., und Henke, K. D.: Einführung in die Finanzwissenschaft, München 1975, S. 308.

as you use-Finanzierung auf folgende Weise: „Im Prinzip ist diese Argumentation überzeugend, doch ist zu bedenken, daß bei gleichbleibendem Anteil der öffentlichen Bruttoinvestitionen am Sozialprodukt ihre Finanzierung mit Steuern keine Benachteiligung der Steuerzahler in irgendeiner Periode mit sich bringt. In jeder Periode tragen die Steuerzahler die Finanzierung für alle künftigen Nutzungen der Investitionen, doch sind sie frei von Finanzierungslasten aus früheren Investitionen. Der Umweg über eine Kreditfinanzierung öffentlicher Investitionen ist also zur Erreichung einer angemessenen generationenmäßigen Steuerlastenverteilung nicht notwendig[81, 82]."

Für diesen Standpunkt könnten folgende Überlegungen sprechen: Eine stetige, in einer festen Relation zum Sozialprodukt stehende, Neuverschuldung des Staates führt zu einem ebenfalls stetig wachsenden Schuldenstand. Dementsprechend wachsen auch die Zinsverpflichtungen aus diesem Schuldenberg stetig an. Unter der Annahme, daß sich die reale Wachstumsrate des Sozialprodukts und der Realzins auf die Staatsschulden entsprechen, nähert sich der Anteil der vom Staat zu zahlenden Zinsen am Sozialprodukt dem Anteil der Kreditaufnahme an[83]. Ab diesem Zeitpunkt reicht dann die Kreditaufnahme nur noch zur Finanzierung der Schuldzinsen aus. Diesen Sachverhalt macht auch die Beispielrechnung in Tabelle Nr. 2 deutlich.

Unter den gemachten Annahmen (Realzins = reale Wachstumsrate) reicht die Kreditaufnahme also ab einem bestimmten Zeitpunkt nicht mehr zur Finanzierung zukunftswirksamer Ausgaben aus. Zukunftswirksame Ausgaben müssen dann aus den normalen Staatseinnahmen bestritten werden.

---

[81] Wissenschaftlicher Beirat beim Bundeswirtschaftsministerium: Fragen . . ., S. 10.

[82] Vgl. dazu auch Zimmermann, H.: Der letzte „klassische" Deckungsgrundsatz, S. 74.

[83] Diese Überlegung geht auf Domar zurück. Vgl. Domar, E. D.: The „burden of the debt" and the national income, in: American Economic Review, Band 34, 1944, S. 812. Zu näheren Einzelheiten und den sonstigen Überlegungen Domars siehe Kapitel 4 dieser Arbeit, S. 114 ff.

Tabelle 2

Kredit und Zinsen bei stetiger Verschuldung zu einem festen Anteil am Sozialprodukt

P	SP	k	Z	Z %	S
1	1 000	60	1,8	0,18	60
2	1 030	61,8	3,65	0,35	121,8
3	1 060,9	63,65	5,56	0,52	185,45
4	1 092,7	65,56	7,53	0,69	251,01
5	1 125,5	67,53	9,56	0,85	318,54
:	:	:	:	:	:
10	1 304,7	78,28	20,63	1,58	687,81
15	1 512,3	90,74	33,48	2,21	1 115,86
20	1 753,2	105,19	48,36	2,76	1 612,05
:	:	:	:	:	:
30	2 356,2	141,37	85,63	3,63	2 854,28
40	3 166,4	189,99	135,71	4,29	4 523,56
50	4 255,3	255,32	203,01	4,77	6 766,85
60	5 718,8	343,13	293,45	5,13	9 781,61
70	7 685,7	461,14	429,25	5,42	14 308,21
80	10 329,0	619,74	578,35	5,60	19 278,32
90	13 881,3	832,88	797,88	5,75	26 596,09
100	18 655,4	1 119,32	1 092,92	5,86	36 430,59
110	25 071,5	1 504,29	1 489,42	5,94	49 647,41
120	32 693,8	2 021,63	2 022,29	6,00	67 409,69
130	45 288,6	2 717,32	2 738,44	6,05	91 281,47
140	60 864,1	3 651,85	3 701,01	6,08	123 366,99
150	81 796,1	4 907,77	4 994,62	6,11	166 487,19

k = Kreditanteil am Sozialprodukt = 6 %; w = reale Wachstumsrate = 3 %; z = Realzins = 3 %; SP = Sozialprodukt; P = Periode; Z = Zinsen absolut; z % = Zinsen in Prozent des Sozialprodukts; S = Schuldenstand.

Z = der Anteil der Zinsen am Sozialprodukt nimmt, wie die Tabelle deutlich zeigt, ständig zu, allerdings mit abnehmender Geschwindigkeit. Bei unendlicher Fortführung würde ein Grenzwert für Z erreicht, der bei den gemachten Annahmen um 6 % liegen müßte. Der Wert würde also ungefähr dem Anteil der Kreditaufnahme am Sozialprodukt entsprechen.

Die Lastverteilung, die eine Kreditaufnahme noch bewirkt, wenn die Zinsen der Kreditaufnahme entsprechen, besteht dann darin, daß die jeweilige Periode von der Finanzierung der Zinsen über Steuern befreit wird. Die Kreditfinanzierung erlaubt sozusagen eine Entlastung von Altlasten. Solange aber in den vorhergehenden Perioden die Kreditaufnahme die Zinsausgaben übersteigt, wird auch eine Lastverteilung von Neulasten ermöglicht. Die Kreditaufnahme erlaubt dann, immer in Höhe des Überschusses über die Zinsen, Ausgaben, die ohne Kreditaufnahme nicht oder nur über eine Steuerfinanzierung möglich gewesen wären.

Man könnte sich nun ähnlich dem Wissenschaftlichen Beirat auf den Standpunkt stellen, auf eine stetige Kreditaufnahme mit dem Ziel der Lastverteilung zu verzichten, weil auf lange Sicht gesehen und unter den angenommenen Bedingungen die Kreditaufnahme die einzelne Periode in dem Maße entlastet, wie sie von Zinsen vergangener Kreditaufnahmen belastet wird. Dazu kommt allerdings noch, sofern der Kredit als Alternative zur Steuer betrachtet wird, der Nachteil eines im Vergleich zur Steuerfinanzierung geringeren Wachstums.

Zu einem anderen Ergebnis und damit zu einer anderen Beurteilung der stetigen Kreditaufnahme aus Gründen der Lastverteilung gelangt man, wenn nicht die Gesamtzahl der Perioden, sondern wenn jeweils für die einzelne Periode die Wirkung der Kreditaufnahme untersucht wird.

Bezogen auf die einzelnen Perioden erlaubt die Kreditaufnahme jedes Jahr von neuem eine Lastverteilung. Dabei ist es gleichgültig, in welcher Höhe der Haushalt mit Zinsen belastet ist. Für die jedes Jahr neu anstehende Entscheidung über eine Kreditaufnahme sind auch die Entscheidungen in der Vergangenheit nicht von Bedeutung. Es kommt vielmehr darauf an, daß die Kreditaufnahme zusätzliche zukunftswirksame Ausgaben erlaubt, die sonst nicht, oder nur über Steuerfinanzierung möglich gewesen wären. Von diesem Standpunkt aus gesehen, spielt es dann bezüglich der Lastverteilungsfunktion keine Rolle, ob die Kreditaufnahme nur zur Verteilung von aperiodischen Ausgabestößen oder stetig erfolgt. Die einzelne Kreditaufnahme erlaubt in jedem Fall eine zeitliche Lastverteilung.

Zur Entwicklung zeitlicher Verteilungskonzeptionen reicht es jedoch nicht aus, seine Schlußfolgerungen lediglich aus der Gegenüberstellung von bestimmten Ausgaben und Einnahmen zu gewinnen. „So müssen Ausgaben über die intergenerative Inzidenz von Umweltschäden, Bildungschancen, Verdienstmöglichkeiten usw. ebenfalls berücksichtigt werden[84]." Schon die Operationalisierung einer äquivalenten zeitlichen Verteilungskonzeption macht deswegen erhebliche Schwierigkeiten, weil zwar eine Aussage über die Lastverteilungswirkung der Kreditaufnahme möglich ist, aber die zeitlichen Verteilungswirkungen der sonstigen Haushaltsaktivitäten wenn überhaupt, dann nur in groben Umrissen erfaßbar sind[85].

Neben der äquivalenten Lastverteilung sind aber auch andere Konzeptionen vorstellbar. Angesichts stetig vorhandener positiver Wachstumsraten des Sozialprodukts liegt der Schluß nahe, die Zukunft relativ stärker an der Finanzierung gegenwärtiger Ausgaben zu beteiligen, weil die gleiche absolute Summe bei einem größeren Sozialprodukt eine relativ geringere Bedeutung hat. In Analogie zur Steuertheorie könnte man hier von einem Leistungsfähigkeitsprinzip bei der Verteilung der Finanzierungslasten sprechen, während die äquivalente Verteilung auf dem Äquivalenzprinzip aufbaut. Nach dem „Leistungsfähigkeitsprinzip" könnte also eine Umverteilung von der Gegenwart in die — wohlhabendere? — Zukunft angestrebt werden[86]. Auch hier treten wieder die gleichen Schwierigkeiten wie bei der Bestimmung einer äquivalenten Verteilung auf. Es läßt sich im Augenblick noch nicht messen, wie hoch etwa der Nutzen ist, den die heutige Generation aus Ausgaben der Vergangenheit gezogen hat. Es läßt sich ebensowenig erkennen, welche Belastungen auf die zukünftigen Perioden und Generationen zukommen, etwa aus der in der Bundesrepublik Deutschland vorhandenen Bevölkerungsentwicklung, aus den Schwierigkeiten der Sozialversicherung oder aus Anpassungsfriktionen infolge verzerrter Angebots- und Nachfrageverhältnisse. Ge-

---

84 Vgl. Henke, K. D.: Öffentlicher Kredit . . ., S. 66.

85 Vgl. Gandenberger, O.: Öffentliche Verschuldung, S. 491, sowie Wissenschaftlicher Beirat beim Bundesministerium für Wirtschaft und Finanzen: Finanzierung. . ., S. 29.

86 Vgl. Gandenberger, O.: Der öffentliche Kredit in außerkonjunktureller . . ., S. 54.

nausowenig ließe sich eine Verteilungskonzeption operationalisieren, die die Gegenwart zugunsten einer schwächeren Zukunft verstärkt belasten würde. „Aus dem Konzept der zeitlichen Lastverteilung können daher einstweilen keine hinreichend klaren Aufschlüsse für die konkrete Entscheidung über die Höhe der zulässigen oder erwünschten Verschuldungsquote gewonnen werden[87]." Trotzdem gilt, was in der Bundesrepublik Deutschland vor allem Gandenberger immer wieder hervorgehoben hat, daß die Staatsverschuldung in jedem Fall die zeitliche Verteilung berührt. Verdrängungseffekte und Zinssteigerungen aufgrund der staatlichen Kreditaufnahme können daher eigentlich nur mit der Lastverteilung begründet werden.

E. Grenzen der Kapitalaufbringung aus außenwirtschaftlichen und verteilungspolitischen Zielsetzungen

1. Grenzen aus der außenwirtschaftlichen Zielsetzung

Laut Stützel ergeben sich allein aus der Entwicklung der Zahlungsbilanz Grenzen für die Staatsverschuldung. Für ihn ist die kritische Grenze für Defizitfinanzierung erst dann überschritten, wenn in der Zahlungsbilanz nachhaltige Defizite auftreten und die Bundesbank unerträglich hohe Devisenbeträge verliert[88].

Außenwirtschaftliches Gleichgewicht liegt vor, wenn die Zahlungsbilanz aufgrund autonomer Transaktionen ausgeglichen ist[89]. „Als autonome Transaktionen werden alle privaten sowie diejenigen öffentlichen Transaktionen bezeichnet, die ohne Rücksicht auf die Situation der Zahlungsbilanz

---

87 Vgl. Wissenschaftlicher Beirat beim Bundesministerium für Wirtschaft und Finanzen: Finanzierung . . ., S. 33.

88 So Stützel, W., nach einem Bericht des Handelsblattes: Stützel: Staat ist falsch verschuldet, in: Handelsblatt Nr. 94 vom 16. 5. 1977, S. 1. Vgl. dazu auch Stützel, W.: Ober- und Untergrenzen der öffentlichen Verschuldung, in: Kredit und Kapital, herausgegeben von Ehrlicher, W., und Krümmel, H. J., 11. Jg., Heft 4, Bonn 1978, S. 447 f.

89 Vgl. Hansmeyer, K. H.: Gesetz zur Förderung der Stabilität und des Wachstums der Wirtschaft, Kommentar, erläutert von Stern, K., Münch, P., und Hansmeyer, K. H., 2. Auflage, Stuttgart 1972, S. 129.

zustande kommen, also nicht in der Absicht vorgenommen werden, die Zahlungsbilanz in bestimmter Weise zu manipulieren[90]." Liegt ein solches Gleichgewicht vor, so bleiben der Wechselkurs und die Währungsreserven eines Landes konstant. Diese beiden Merkmale sind also die äußeren Anzeichen für ein außenwirtschaftliches Gleichgewicht.

Die staatliche Kreditaufnahme verletzt demzufolge in einem System flexibler Wechselkurse das Außengleichgewicht, wenn sie zu einer Änderung des Wechselkurses, der Währungsreserven oder von beidem beiträgt. Ob damit gleichzeitig Grenzen der staatlichen Kreditaufnahme erreicht sind, soll im folgenden untersucht werden.

In einem System flexibler Wechselkurse entstehen Änderungen der Währungsreserven grundsätzlich nur über Interventionen der Notenbank am Devisenmarkt. Stützungsaktionen für die eigene Währung führen über den Verkauf von Devisen zu einer Abnahme der Währungsreserven, und Stützungsaktionen für fremde Währungen führen durch einen Ankauf von Devisen zu einer Zunahme. Solche Interventionen erfolgen normalerweise nur mit dem Ziel, starke Wechselkursschwankungen um einen mittelfristigen Trend aufzufangen. Sie erfolgen aber nicht, um den Trend selbst aufzuhalten oder zu beeinflussen. Dies entspricht auch den Regeln des Internationalen Währungsfonds[91]. Im folgenden sei unterstellt, daß die Deutsche Bundesbank sich an die Spielregeln hält. Dann muß sich eine übermäßige Kreditaufnahme des Staates, wenn sie sich auf das Außengleichgewicht auswirkt, zwangsläufig in einer Änderung des Wechselkurses niederschlagen. Der Wechselkurs erhöht sich, wenn bei einer konsequenten Geldpolitik und zu hoher Staatsverschuldung die Zinsen steigen und damit Kapitalimporte angelockt werden. Der Wechselkurs sinkt, wenn es aufgrund einer schwachen Geldpolitik zur Inflation und damit bei normaler Reaktion der Leistungsbilanz zu einem Rückgang eines positiven

[90] Rose, K.: Theorie der Außenwirtschaft, 7. Auflage, München 1978, S. 17.

[91] Vgl. Emminger, O.: Dollar-Interventionen und Geldpolitik, in: FAZ Nr. 66 vom 4. 4. 1978, S. 13.

oder zur Zunahme eines negativen Leistungsbilanzsaldos kommt.

Solange die Kreditaufnahme ohne Preis- und/oder Zinssteigerungen abläuft, sind auch keine Einflüsse auf das außenwirtschaftliche Gleichgewicht zu erwarten. Die umgekehrte Schlußfolgerung ist allerdings nicht zulässig. Ein stabiler Wechselkurs und relativ konstante Währungsreserven deuten nicht unbedingt auf eine stabilitätsgerechte und wachstumsfreundliche Staatsverschuldung hin. Für die Entwicklung der Zahlungsbilanz sind nämlich nicht absolute Preissteigerungsraten und Zinssätze entscheidend, vielmehr bestimmen die Preis- und Zinsrelationen zwischen dem In- und Ausland die Güter- und Kapitalströme. Liegt in einem Land die Inflationsrate unterhalb derjenigen bei den wichtigsten Handelspartnern, so ergeben sich vom Außengleichgewicht her noch keine Grenzen für die Kreditaufnahme des Staates, obwohl die Grenze gemessen an der Preisniveaustabilität vielleicht schon überschritten ist. Die gleichen Überlegungen gelten auch für den Einfluß der Staatsverschuldung auf Zinsen und Wachstum. Zinssteigerungen, die im Inland durch die staatliche Kreditaufnahme hervorgerufen werden und damit wachstumsschädlich sein können, haben kaum einen Einfluß auf die Kapitalströme, solange die Zinsentwicklung im Ausland weitgehend parallel abläuft.

Die Meinung von Stützel, daß nur die Zahlungsbilanzentwicklung Grenzen der Staatsverschuldung aufzeigen könne, kann deswegen auch keine Zustimmung finden. Grenzen der Kreditaufnahme sind auch ohne eine Verletzung des Außengleichgewichts möglich und von so schwerwiegender Natur, daß sie nicht unberücksichtigt bleiben dürfen. Insoweit ist auch die Ansicht von Bartel einzuschränken, der in dem internationalen Vertrauen, das der heimischen Währung entgegengebracht wird, ein untrügliches Indiz für die Solidität staatlicher Schuldenpolitik sieht[92]. Dem steht aber nicht entgegen, daß die Wechselkursentwicklung auch ein wichtiges Anzeichen für eine solide oder unsolide Kreditfinanzierung

---

[92] Vgl. Bartel, K.: Öffentliche Schuld und privates Vermögen, in: Ordo, Band 23, Düsseldorf 1972, S. 278.

des Staates sein kann und aus diesem Grunde auch ernst genommen werden muß. In diesem Sinne ist auch eine Äußerung des Sachverständigenrates zu verstehen, der auf den möglichen Zusammenhang von Staatsverschuldung und Inflation verweist. „Die großen Inflationen in Verbindung mit hoher Staatsverschuldung, die die Bürger in Deutschland erlebt haben, waren nur möglich, weil man den Außenwert der Währung sinken ließ oder eine strenge Devisenbewirtschaftung eingeführt hatte[93, 94]."

Auf einer anderen Ebene liegt die Frage, wie weit der Staat sich eine direkte Kreditaufnahme im Ausland und einen Rückgriff auf ausländische Ressourcen erlauben kann. Auf diesen Zusammenhang ging der Wissenschaftliche Beirat beim Bundesministerium für Wirtschaft und Finanzen bereits im Jahre 1972 ein. Die Argumente von damals haben heute noch ihre volle Gültigkeit: „Es ist fraglich, ob eine solche Wahl wirklich besteht, d. h. ob es die BRD mit ihrer hochentwickelten Wirtschaft angesichts der wachsenden Bedürfnisse der Entwicklungsländer verantworten kann, für einen längeren Zeitraum Kapital zu importieren. Diese Frage ist nach Ansicht des Beirats zu verneinen[95]." Da sich seit 1972 die Schere zwischen den Entwicklungs- und Industrieländern noch weiter geöffnet hat, sind die Voraussetzungen für einen Kapitalimport eher noch schlechter geworden. Aus diesem Grund wird dieser Gedanke auch im weiteren nicht mehr verfolgt.

Dadurch, daß auf eine direkte Kreditaufnahme im Ausland verzichtet wird, läßt sich allerdings nicht die indirekte Auslandsverschuldung vermeiden. Dabei zeichnen zunächst Inländer (Banken oder Private) die Anleihen und veräußern sie später an Ausländer. Genausowenig wird vermieden, daß der Staat durch seine Kreditaufnahme andere Kreditnachfrager zu einer Kreditaufnahme im Ausland bewegt. Diese Formen

---

93 Sachverständigenrat, Jahresgutachten 1967, Ziff. 520.

94 Ähnlich auch Schlecht, O.: Staatsverschuldung — ein Übel?, in: Bulletin des Presse- und Informationsamtes der Bundesregierung, Nr. 54, Mai 1968, S. 443.

95 Wissenschaftlicher Beirat beim Bundesministerium für Wirtschaft und Finanzen: Finanzierung . . ., S. 13.

der indirekten oder induzierten Auslandsverschuldung[96] können aber insofern unberücksichtigt bleiben, als Netto-Kapitalimporte durch das Geldmengenkonzept der Bundesbank in einem stabilitätspolitisch begrenzten Rahmen gehalten werden.

2. Grenzen aus verteilungspolitischen Zielsetzungen

Mit dem Ziel einer gerechten Einkommensverteilung lassen sich je nach Standpunkt die unterschiedlichsten Vorstellungen verbinden. Für die Zwecke dieser Untersuchung reicht es aus zu überprüfen, ob die Staatsverschuldung in der Lage ist, Unterschiede in der Einkommensverteilung zu verringern, oder ob sie mit der Verstärkung der Unterschiede an Grenzen stößt[97]. Es wird dabei unverändert davon ausgegangen, daß die Geldmenge entsprechend dem Wachstum des realen Volkseinkommens zunimmt, daß also die Inflation auf ein unvermeidbares Mindestmaß beschränkt bleibt[98].

Bis zum Jahre 1969 wurde die Verteilungswirkung der Staatsverschuldung überwiegend im Rahmen des sogenannten „Transferansatzes" behandelt[99, 100]. Dann erschienen fast zur gleichen Zeit zwei Aufsätze von Andel[101] und Gandenberger[102], die in sich ergänzender Weise die Unzulässigkeit des Transferansatzes deutlich machten. Zunächst sei die

---

96 Vgl. Gandenberger, O.: Öffentliche Verschuldung, S. 482.

97 Vgl. Pohmer, D.: Die Staatsverschuldung als Instrument der Verteilungspolitik, in: Probleme der Staatsverschuldung, herausgegeben von Haller, H., und Albers, W., Schriften des Vereins für Socialpolitik, N. F., Band 61, Berlin 1972, S. 147.

98 So zunächst auch Pohmer, D.: Die Staatsverschuldung . . ., S. 148. Diese Randbedingung gibt er später auf. Zu dem Einfluß der Inflation auf die Verteilungswirkungen der Staatsverschuldung siehe dort S. 159 ff.

99 Diese Bezeichnung geht zurück auf Gandenberger, O.: Öffentlicher Kredit und Einkommensverteilung, S. 6.

100 Stellvertretend für viele andere vgl. Neumark, F.: Die Problematik der Grenzen des Staatskredits, in: Zeitschrift für Nationalökonomie, Band XII, Wien 1949, S. 390.

101 Andel, N.: Zur These von den unsozialen Verteilungswirkungen öffentlicher Schulden, in: Public Finance, Band 24, 1969, S. 69 ff.

102 Gandenberger, O.: Öffentlicher Kredit und Einkommensverteilung, S. 1 ff.

Grundüberlegung des Transferansatzes dargestellt[103]. Die Verfechter des Transferansatzes vergleichen diejenigen Personen, die die Steuern zur Verzinsung der Staatsschulden zahlen müssen, mit denjenigen, die die Zinsen auf die Anleihen erhalten. Wer diesen Ansatz wählt, muß zwangsläufig zu dem Schluß kommen, daß die Staatsverschuldung bestehende Unterschiede in der Verteilung noch verstärkt. Anleihen werden nämlich in überwiegendem Maße von den Mitgliedern der oberen Einkommensschichten gehalten, während die Steuerlast auch die armen Mitglieder der Gesellschaft trifft. Auf jeden Fall müssen die ärmeren Bürger einen wesentlich höheren Anteil der Zinssteuern tragen, als es ihrem Anteil an den Anleihen entspricht. Per Saldo kommt es also zu einer Umverteilung von den Schwächeren zu den Stärkeren[104]. Offensichtlich anknüpfend an dieses Ergebnis fordert das Institut „Finanzen und Steuern" eine verstärkte Streuung staatlicher Anleihen im breiten Publikum. „Zur Vermeidung negativer Verteilungswirkungen erscheint es wünschenswert, den Anleihebesitz im privaten Publikum möglichst breit zu streuen, also auch andere als die oberen Einkommensgruppen an der Zeichnung öffentlicher Titel zu beteiligen[105]."

Für die Verteilungswirkungen der staatlichen Kreditaufnahme ist aber nicht der Transfer von den Zinssteuerzahlern zu den Zinsempfängern entscheidend, sondern es interessiert vielmehr, was passiert, wenn die Kreditaufnahme nicht erfolgt. Hier sind zwei Fragen zu unterscheiden:

„1) Die Ausgaben sind nach Niveau und Struktur fixiert. Welches ist die zur Kreditaufnahme alternative Finanzierung?

---

[103] Vgl. dazu auch Gandenberger, O.: Die Wirkung des öffentlichen Kredits auf die Einkommensverteilung, in: Das Wirtschaftsstudium, Heft 8, Tübingen 1974, S. 383 ff. Siehe auch Henke, K. D.: Die Gültigkeit des Transferansatzes in der Rezession, in: Finanzarchiv, N. F., Band 37, Tübingen 1978, S. 440 ff.

[104] So im Ergebnis auch Karl Bräuer Institut des Bundes der Steuerzahler; Rekorddefizite erfordern Begrenzung der öffentlichen Haushalte, Stellungnahme Nr. 11, Wiesbaden 1974, S. 8.

[105] Institut FSt. Brief 115: Zur Problematik der öffentlichen Verschuldung, Bonn 1969, S. 35.

2) Welche Ausgaben werden gesenkt beziehungsweise nicht erhöht, wenn bei sonst gegebenen Einnahmen auf die Schuldenaufnahme verzichtet wird[106]?"

Zunächst zu den Verteilungswirkungen der Alternativen zur Kreditfinanzierung.

Nach Andel kommt es darauf an, welche steuerlichen Maßnahmen ergriffen werden, um die ausfallenden Krediteinnahmen zu ersetzen. Die Verteilungswirkung der Kreditaufnahme ist dann danach zu beurteilen, ob die Belastung aus diesen steuerlichen Maßnahmen regressiver, gleich oder progressiver gewirkt hätte als die Belastung aus der Zinssteuer[107]. Theoretisch sind alle drei Fälle denkbar[108]. Unter diesem Aspekt ist es deshalb unmöglich, eine generelle Antwort auf die Frage nach den Verteilungswirkungen der Staatsverschuldung zu geben. Aussagen sind nur dann möglich, wenn es um die Beurteilung konkreter Situationen geht.

Der Aufsatz Gandenbergers ergänzt die Überlegungen von Andel, weil er auch die Verteilungswirkungen der Kreditfinanzierung im Vergleich zu der Alternative der Steuerfinanzierung untersucht. Nach Gandenberger ist es falsch, einen Kausalzusammenhang zwischen der staatlichen Kreditaufnahme und dem Zinsempfang der Anleihebesitzer herzustellen. „Die Staatsgläubiger erhalten nicht etwa deshalb ein Zinseinkommen, ‚weil' die Zinssteuerzahler zu Zahlungen herangezogen werden, sondern weil sie in der Ausgangsperiode oder in einer der vorangegangenen Perioden Vermögen gebildet haben[109]." Ohne die Staatsverschuldung wären diese Vermögen ebenfalls zinstragend angelegt worden. „Es fragt sich jedoch ..., ob der Kapitalmarktzins in diesem Falle der gleiche gewesen wäre wie bei der Anleihefinan-

---

[106] Andel, N.: Zur These ..., S. 72.

[107] Vgl. auch Wissenschaftlicher Beirat beim Bundesministerium für Wirtschaft und Finanzen: Finanzierung ..., S. 30 f.

[108] Vgl. Ragoss, K.: Ökonomische Wirkungen kommunaler Verschuldung, Diss. Hamburg 1974, der versucht, anhand einzelner Steuersätze die Verteilungswirkungen zu bestimmen, S. 20 ff.

[109] Gandenberger, O.: Öffentlicher Kredit und Einkommensverteilung, S. 9.

zierung[110]." Es wurde bereits im Kapitel 2. C. 1. festgestellt, daß die staatliche Kreditaufnahme je nach Finanzierungsspielraum und konjunktureller Lage mit Zinssteigerungen verbunden ist. Kommt es durch die Staatsverschuldung zu Zinssteigerungen, so berührt dies nicht nur die Zeichner staatlicher Anleihen, sondern alle Kapitalanbieter und auch die, die in der Vergangenheit schon Geld- oder Sachvermögen gebildet haben. Eine breitere Streuung der staatlichen Anleihen im Publikum würde deswegen auch keinen wesentlichen Einfluß auf die Verteilungswirkung der Staatsverschuldung haben. Ein steigender Zins drückt auf die Kurse von Anleihen und Aktien und benachteiligt damit zumindest diejenigen, die den Verkauf ihrer Papiere geplant hatten. Eine ähnliche Wirkung entsteht bei der Bewertung von Sachvermögen. Der Zins gilt als Maßstab für den Diskontierungsfaktor bei Unternehmensbewertungen und der Bewertung sonstigen Sachvermögens. Ein erhöhter Zins führt damit bei sonst gleichen Bedingungen zu einem geringeren Barwert. Allein diese Wirkungen machen schon deutlich, daß sich auch über den Einfluß der Zinsänderungen auf die Verteilung keine allgemeingültige Aussage machen läßt. Eine vollständige Untersuchung der Verteilungswirkungen der Kreditaufnahme, die immer im Vergleich zu der alternativen Finanzierungsform vorgenommen werden muß, wird darüber hinaus noch weitere Punkte umfassen müssen. So gehören etwa der Einfluß der veränderten Lohn-Zins-Relation auf die Produktion, die Nachfragewirkung der erhöhten Zinseinkommen, oder auch die Bedeutung der geringeren Vermögensbewertung für das Nachfrageverhalten dazu. Dabei ist noch nicht berücksichtigt, daß der Zinsanstieg geringere Investitionen nach sich zieht und auch dies in späteren Perioden die Verteilung berührt[111].

Wenn damit auch keine eindeutigen, allgemein gültigen Aussagen möglich sind, so ist die Betrachtung doch nicht ergebnislos. Es muß festgehalten werden, daß die traditionelle

---

110 Vgl. Gandenberger, O.: Öffentlicher Kredit und Einkommensverteilung, S. 9 f.

111 Ebenda, S. 14.

Sicht des Transferansatzes zum einen methodisch falsch ist, zum anderen aber auch zu Schlußfolgerungen verleitet, die die Staatsverschuldung zumindest unter diesem Aspekt ungerechtfertigter Weise in einem ungünstigen Licht erscheinen lassen. Es sei noch einmal betont, daß negative Verteilungswirkungen möglich, vielleicht sogar wahrscheinlich sind, sie sind aber nicht so selbstverständlich wie dies immer behauptet wird.

Daß die Kreditfinanzierung staatlicher Ausgaben nicht einfach als verteilungsschädlich abgetan werden kann, macht auch Molitor[112] deutlich, der ausgehend von der zweiten Fragestellung Andels überprüft, was passieren würde, wenn der Staat auf bestimmte Ausgaben verzichtete, oder ohne Kreditaufnahme keine zusätzlichen Ausgaben tätigen könnte. Eine solche Beziehung zwischen Einnahmen und Ausgaben läßt sich jedoch nur in Sonderfällen herstellen. In den öffentlichen Haushalten gilt nämlich das Gesamtdeckungsprinzip der Einnahmen für die Ausgaben[113]. Eine Verknüpfung von Krediteinnahmen und entsprechenden Ausgaben ist nur möglich, wenn es sich um einen Nachtragshaushalt handelt, oder wenn in den Etatberatungen etwa aufgrund eines zu geringen Finanzierungsspielraums eine geringere Kreditaufnahme veranschlagt wird als ursprünglich vorgesehen war und damit auch bestimmte Ausgaben entfallen. Im letzteren Fall wären allerdings die entfallenden Ausgaben für die Öffentlichkeit nicht ohne weiteres erkennbar.

Aber selbst wenn unterstellt wird, daß sich eine Zuordnung von den Krediteinnahmen zu bestimmten Ausgaben durchführen lasse, so ergeben sich auch aus einer Gegenüberstellung der Verteilungswirkungen aus der Zinssteuer und den Verteilungswirkungen aus den Staatsausgaben keine eindeutigen Anhaltspunkte.

Dienen die Krediteinnahmen zur Finanzierung von Unternehmenssubventionen, so handelt es sich unmittelbar um

---

[112] Molitor, B.: Unsoziale Staatsverschuldung?, in: Wirtschaftsdienst, Heft 1, 51. Jg., Hamburg 1971, S. 23 ff.

[113] § 7 Haushaltsgrundsätzegesetz: „Alle Einnahmen dienen als Deckungsmittel für alle Ausgaben", BGBl. I, 1969, S. 1273 ff.

eine verteilungsschädliche Maßnahme, mittelbar lassen sich kaum Aussagen machen. Umgekehrt entstehen günstige Verteilungswirkungen, wenn es sich um Ausgaben für Bildung, Gesundheit oder den sozialen Wohnungsbau handelt. „Man darf annehmen, daß von der Slumsanierung vergleichsweise mehr die niedrigeren Einkommensklassen profitieren — begüterte Bürger hatten kaum je über mangelnde Wohnungs-, Bildungs- und Gesundheitschancen zu klagen[114].

In einem ganz anderen Zusammenhang hat Oberhauser[115] die Verteilungswirkungen der staatlichen Kreditaufnahme untersucht. Nach Oberhauser ist die Höhe der Nettoverschuldung beziehungsweise der Nettotilgung des Staates von erheblicher Bedeutung für die Unternehmergewinne. Voraussetzung zu diesem Wirkungszusammenhang ist allerdings, daß Variationen der Kreditaufnahme in entsprechender Höhe die gesamtwirtschaftliche Nachfrage beeinflussen. Diese Wirkungen entstehen damit also nicht, wenn die Staatsverschuldung sich nur bei einer Verdrängung von Privaten realisieren läßt. „Die Keynessche Verteilungsgleichung zeigt, daß ceteris paribus die Unternehmergewinne um die Höhe der staatlichen Schuldenaufnahme über dem Niveau liegen, das sie ohne diesselbe hätten (umgekehrt bei Tilgungen)[116]."

Dieser positive Einfluß der Kreditaufnahme auf die Unternehmergewinne wird anhand der folgenden formalen Darstellung deutlich[117]. Entsprechend der Keynesschen Gleichung gilt für das Einkommen aus Gewinnen[118]:

$$Y_U = C_U + I_{pr} - S_A + D_{St} + (Ex - Im)$$

[114] Molitor, B.: Unsoziale . . ., S. 24.

[115] Vgl. Oberhauser, A.: Gewinnorientierte Einkommenspolitik und Staatsverschuldung, in: Theorie und Praxis des finanzpolitischen Interventionismus, Fritz Neumark zum 70. Geburtstag, herausgegeben von Haller, H., u. a., Tübingen 1970, S. 529 ff.

[116] Ebenda, S. 545.

[117] Vgl. dazu Gandenberger, O.: Öffentliche Verschuldung, S. 495.

[118] Y_U = Gewinneinkommen; C_U = Konsum der Gewinneinkommensbezieher; S_U = Ersparnis der Gewinneinkommensbezieher; I_{Pr} = Private Investitionen; S_A = Ersparnis der Lohneinkommensbezieher; D_{St} = Defizit im Staatshaushalt; Ex = Export; Im = Import; S_{Pr} = Ersparnis der Privaten. Vereinzelt wird derartigen Gleichungen eine auf Kausalzusammenhängen beruhende Aussagekraft abgesprochen, da sie auf Tautologien beruhen.

Die Bezieher von Gewinneinkommen können ihrerseits entweder konsumieren oder sparen:

$$Y_U = C_U + S_U$$

Aufgrund beider Beziehungen muß dann auch gelten:

$$S_U = I_{pr} - S_A + D_{St} + (Ex - Im)$$

Eine Erhöhung des Defizits im Staatshaushalt erhöht also unter sonst gleichen Bedingungen die Ersparnis der Gewinneinkommenbezieher. Die private Gesamtersparnis läßt sich nun ihrerseits in die Ersparnis der Gewinneinkommenbezieher und der Lohneinkommenbezieher aufteilen.

$$S_{pr} = S_U + S_A$$

Die Staatsverschuldung erhöht also, sofern sie positive Nachfragewirkungen hat, die Gesamtersparnis der Privaten, diese Erhöhung resultiert aber nur aus einem Anstieg der Ersparnis der Gewinneinkommenbezieher. Umgekehrtes gilt bei einer Nettotilgung von Staatsschulden.

Für den Gedankengang dieser Arbeit ist es nun allerdings nicht erforderlich, die einzelnen Zusammenhänge dieser tautologischen Beziehung auf ihre empirische Plausibilität zu überprüfen[119]. Entscheidend ist vielmehr, daß die, wie auch immer im Einzelfall aussehenden, Verteilungswirkungen zwangsläufig mit positiven oder negativen Nachfrageeffekten der staatlichen Kreditaufnahme verbunden sind. Gerade die positiven Nachfragewirkungen sind aber notwendiger Bestandteil innerhalb der Stabilisierungsfunktion des öffentlichen Kredits. Denkbare negative Verteilungswirkungen müssen deshalb zugunsten der positiven Stabilisierungswirkungen in Kauf genommen werden und können deshalb auch keinen Anhaltspunkt für eine Grenze der Kreditaufnahme liefern.

[119] Vgl. dazu Gandenberger, O.: Öffentliche Verschuldung, S. 496.

F. Grenzen aus der Kreditverwendung

1. Grenzen der Kreditverwendung und Stabilisierungsfunktion

a) Grenzen für die Bekämpfung einer nachfragebedingten Rezession wegen möglicher Strukturverzerrungen

Bisher stand jeweils allein die Kapitalaufbringung im Vordergrund der Betrachtung. Der gesamtwirtschaftliche Finanzierungsspielraum ist jedoch nur ein, wenn auch bedeutender, Anhaltspunkt für Grenzen der Kreditaufnahme. Ganz unabhängig von den Grenzen der Kreditaufnahme aus der Kapitalaufbringung können sich nämlich bei der Rezessionsbekämpfung Grenzen aus einem Mangel an sinnvollen Verwendungsmöglichkeiten ergeben. Die Höhe und die Art der Kreditverwendung wird sowohl von der Stärke der Rezession als auch von deren Ursachen bestimmt. So ist es wesentlich, ob die Gründe für die Rezession vorwiegend auf der Angebotsseite oder auf der Nachfrageseite der Volkswirtschaft zu suchen sind.

Bei einer nachfragebedingten Rezession ist die Obergrenze der Staatsverschuldung offensichtlich durch das Ausmaß der gesamtwirtschaftlichen Nachfragelücke bestimmt[120]. Auf den ersten Blick könnte es auch als unbedenklich, ja sogar erforderlich erscheinen, daß der Staat in vollem Umfang die ausgefallene Nachfrage ersetzt. Dies wird ihm vielleicht quantitativ noch gelingen, aber qualitativ ist er nicht in der Lage, einen vollwertigen Ersatz für die ausgefallene private Nachfrage zu liefern. „Denn die Güter und Dienste, die der Staat nachfragt, sind nicht die gleichen, die von Privaten und vom Ausland in Rezessionszeiten weniger nachgefragt werden[121]." Finanziert der Staat aber dennoch in Höhe des Nachfrageausfalles zusätzliche nachfragewirksame Ausgaben mit Krediten, so besteht die Gefahr, daß er preissteigernde Kapazitätsengpässe verursacht, weil sich die staatliche Nachfrage

---

120 Vgl. Beyfuss, J.: Gesamtwirtschaftliche Probleme der Staatsverschuldung, Beiträge zur Wirtschafts- und Sozialpolitik, Institut der deutschen Wirtschaft, Heft 33, Köln 1976, S. 21.

121 Schmidt, K.: Öffentliche Neuverschuldung . . ., S. 48.

meist auf nur wenige Bereiche konzentriert[122]. Diese Preissteigerungen können dann in den betroffenen Branchen eine Kapazitätserweiterung induzieren, die den mittelfristigen Erfordernissen nicht gerecht wird. Kommt es aber zu solchen Fehlentwicklungen, so wäre der kurzfristige Stabilisierungserfolg mit späteren Anpassungsschwierigkeiten und damit verbundenen Wachstumsverlusten teuer bezahlt. Die staatliche Nachfrage dürfte sich also nur auf die nicht vorherbestimmbaren Branchen und Sektoren konzentrieren, die auch für die Zukunft in hinreichendem Maße eine Bedeutung für die Volkswirtschaft erwarten lassen[123]. Darüber hinaus sollte der Staat vielleicht generell bemüht sein, ein stetigeres Nachfrageverhalten zu zeigen, um so mittelfristige Orientierungspunkte für die Privaten setzen zu können. Eine ständige Variation des Staatsverhaltens ist sicherlich nicht geeignet, um eine größere Stabilität innerhalb des privaten Sektors zu erreichen.

Die Möglichkeiten des Staates zur Konjunkturbelebung sind aber keineswegs nur auf seine eigene Nachfrage beschränkt. Denn neben der eigenen, unmittelbar wirksamen Nachfrage kann der Staat über Steuersenkungen und/oder über erhöhte Transferzahlungen Nachfrage bei den Privaten induzieren. Diese induzierte Nachfrage unterliegt nicht der Gefahr, Angebotsstrukturen hervorzurufen, die auf die spezifischen Wünsche des Staates zugeschnitten sind und bei einer Wiedererlangung der konjunkturellen Normallage nicht den gesamtwirtschaftlichen Nachfrageverhältnissen entsprechen[124].

Allerdings muß bei einer solchen Induktion der Nachfrage damit gerechnet werden, daß das erhöhte verfügbare Ein-

---

[122] Vgl. Biehl, D.: Anatomie einer „Krise", Kieler Diskussionsbeiträge Nr. 41, Institut für Weltwirtschaft, Kiel 1975, S. 12.

[123] Hier gibt es allerdings nach Ansicht von Vesper erheblichen Spielraum, seiner Meinung nach kann von einer Bedarfssättigung keine Rede sein. Die Verwendung konjunkturell bedingter Kreditaufnahme würde danach in absehbarer Zeit noch keine Grenzen erreichen. Vgl. Vesper, D.: Der Rückfall in die Neoklassik und die Folgen, in: Wirtschaftsdienst, 58. Jg., Heft 3, Hamburg 1978, S. 142.

[124] Dies ist mit ein Grund dafür, daß in den letzten Jahren in zunehmendem Maße ein Übergang von einer antizyklischen Ausgabevariation zu einer antizyklischen Steuervariation empfohlen wird.

kommen der Privaten in erheblichem Maße der Ersparnis zugute kommen kann, daß also nur ein Teil der Kreditmittel letztlich nachfragewirksam wird[125]. Die unmittelbare Anstoßwirkung ist also bei gleicher Kreditaufnahme in diesem Fall geringer als bei einer direkten staatlichen Nachfrage.

Auch bei Variationen der Steuersätze oder der Transferzahlungen sollte sich aber der Staat um eine gewisse Stetigkeit bemühen. Ständige Datenänderungen sind nicht unbedingt dazu geeignet, bei den Privaten positive Konjunkturimpulse hervorzurufen, nicht zuletzt deshalb, weil Datenvariationen immer eine gewisse Unsicherheit in mittel- und langfristige Pläne und Investitionsentscheidungen bringen.

b) Grenzen für die Bekämpfung einer überwiegend angebotsbedingten Rezession

Liegen die Ursachen für die Rezession zu einem großen Teil auf der Angebotsseite der Volkswirtschaft, so reichen die konjunkturellen Impulse zusätzlicher Staatsnachfrage und zusätzlicher privater Nachfrage zur Konjunkturbelebung nicht aus. „Die Initialzündung kann den Mangel an Eigendynamik nicht überspielen, soweit dieser Mangel Reflex ungelöster Probleme auf der Angebotsseite ist[126]." In diesem Fall bedarf es staatlicher Maßnahmen, die die Investitionsbereitschaft und -fähigkeit der privaten Unternehmer wecken beziehungsweise erhöhen. So verbessern etwa staatliche Infrastrukturinvestitionen die privaten Investitionsbedingungen, wenn sie, besonders in unterentwickelten Gebieten, erst die Grundvoraussetzungen für private Investitionen schaffen. Auch in dieser Hinsicht sind aber relativ schnell die Grenzen der staatlichen Handlungsmöglichkeit erreicht, weil es in der Regel an einer ausreichenden Zahl an geeigneten und vergabereifen Infrastrukturmaßnahmen mangelt.

---

[125] Vgl. zu den unterschiedlichen konjunkturellen Wirkungen einer staatlichen Einnahme- beziehungsweise Ausgabeänderung zum Beispiel Wittmann, W.: Einführung in die Finanzwissenschaft, 2. Auflage, III. Teil, Stuttgart 1976, S. 81 ff.

[126] Sachverständigenrat: Jahresgutachten 1977/78, Ziffer 423.

Weitere Möglichkeiten bietet hier wiederum die Steuerpolitik. Eine Senkung ertragsunabhängiger Steuern oder verbesserte Abschreibungsbedingungen würden vielleicht wegen dann günstigerer Gewinnaussichten die Risikobereitschaft der Unternehmer und Unternehmen erhöhen und damit eine wesentliche Grundbedingung für eine verstärkte private Investitionstätigkeit schaffen[127]. Aber auch diesen Maßnahmen sind Grenzen gesetzt, weil bei einem Übermaß die Gefahr besteht, daß sich die Privaten bei zukünftigen ähnlichen Situationen auf den Staat verlassen. Darüber hinaus verhindert eine Rezessionsbekämpfung, die bereits bei den ersten Anzeichen eines Konjunkturabschwungs einsetzt, unter Umständen auch die Normalisierung verzerrter Kosten-Preis-Relationen. Damit soll nicht gesagt werden, daß erst eine „Reinigungskrise" nach klassischem Muster nötig ist, um die Voraussetzungen zu einem stabilen Wiederaufschwung zu schaffen. Dies würde nicht zuletzt an den sozialpolitischen Vorstellungen einer Gesellschaft wie der in der Bundesrepublik vorbeigehen. So ist es etwa indiskutabel, bewußt eine hohe Zahl an Arbeitslosen hinzunehmen, um auf diese Weise über eine Korrektur der Löhne und Gehälter die Kostensituation der Unternehmen so zu verbessern, daß die Voraussetzungen für einen Wiederaufschwung geschaffen sind. Damit soll allerdings auch nicht die Notwendigkeit einer solchen Korrektur bestritten werden, aber es ist zu bezweifeln, ob dies über die Zahl der Arbeitslosen erfolgen muß. Aber bevor der Staat Maßnahmen zur Rezessionsbekämpfung ergreift, sollte doch zumindest so viel Zeit vergehen, bis feststeht, was die Ursachen eines konjunkturellen Abschwungs sind. Schließlich muß man bei einer Bekämpfung auch schon der geringsten Schwächeanzeichen damit rechnen, daß die verschiedenen Wirtschaftssubjekte im Hinblick auf die Feuerwehrfunktion des Staates die Verantwortung für ein eigenes Fehlverhalten nicht mehr zu fürchten brauchen.

---

[127] Vgl. Sachverständigenrat: Jahresgutachten 1977/78, Ziffer 436.

c) Mangel an Stabilisierungsmaßnahmen, die kein strukturelles Defizit entstehen lassen

Die staatliche Kreditaufnahme sollte zum Zwecke der Konjunkturbelebung so beschaffen sein, daß sie zu keinem strukturellen Defizit führt. Es kommt also darauf an, kreditfinanzierte Ausgabenerhöhungen beziehungsweise Steuersenkungen zeitlich so zu bemessen, daß sie bei wieder erreichter Vollauslastung der Kapazitäten den Staatshaushalt nicht mehr belasten. An derartigen Maßnahmen seien unter anderem erwähnt: Investitionszulagen, Mobilitätshilfen, vorübergehende Verbesserungen der Abschreibungsmöglichkeiten oder vorübergehende Steuersatzsenkungen bei der Einkommen- und/oder Körperschaftsteuer[128]. Je nach der Stärke eines Konjunkturabschwungs muß man aber damit rechnen, daß diese zeitlich begrenzten Maßnahmen nicht ausreichen, um eine spürbare Konjunkturbelebung einzuleiten. Das bedeutet jedoch nicht, daß dem Staat bei der Rezessionsbekämpfung nun die Hände gebunden sind, wenn er ein strukturelles Defizit vermeiden will. Der Staat kann nämlich auch Maßnahmen zur Konjunkturbelebung ergreifen, die auf Dauer angelegt sind, wenn — und dies ist die entscheidende Bedingung — diese Maßnahmen bereits für spätere Jahre vorgesehen waren. So liefert prinzipiell ein mittelfristiger Finanzplan genügend Anhaltspunkte und Möglichkeiten, bestimmte Vorhaben zeitlich vorzuziehen. Durch die Orientierung am Finanzplan wird auch vermieden, daß absolut neue, das heißt über den Rahmen des Finanzplans hinausgehende Programme gestartet werden. Vermehrte Ausgaben oder verringerte Einnahmen belasten dann nur so lange den Staatshaushalt zusätzlich, bis der Zeitpunkt erreicht ist, zu dem die Programmpunkte ohnehin vorgesehen waren. Das Haushaltsvolumen zukünftiger Jahre wird damit zumindest nicht erhöht, und damit wird auch in der Zukunft eine Kreditaufnahme vermieden, die durch gegenwärtige Konjunkturmaßnahmen bedingt ist. Es entsteht also auf diesem Wege kein

---

[128] Vgl. die Paragraphen 26 und 27 des Gesetzes zur Förderung der Stabilität und des Wachstums der Wirtschaft, BGBl. I, 1967, S. 586.

strukturelles Defizit. Ganz ohne Einwände bleibt aber auch diese Vorgehensweise nicht, denn „gegen den Plan einer starken Ausweitung der öffentlichen Ausgaben spricht ..., daß es schwierig zu sein scheint, kurzfristig geeignete, das heißt ohnehin vorgesehene, aus stabilitätspolitischen Gründen vorzuziehende Ausgabenprogramme zu verwirklichen[129]."

Ein strukturelles Defizit entsteht aber auch bei einer Orientierung am Finanzplan, wenn der Staat nicht in der Lage ist, sein aus konjunkturellen Gründen erhöhtes Haushaltsvolumen auf das mittelfristig angestrebte Maß zurückzuführen. Dies ist ihm offensichtlich in der Vergangenheit schwergefallen. „Die Erfahrung zeigt, daß für konjunkturelle vorgezogene öffentliche Projekte neue Ausgaben nachrücken und daß die Finanzminister sowie die Kämmerer sich den neuen Anforderungen nicht mit dem Hinweis auf leere Kassen erwehren können, wenn die Einnahmen bei besserer Konjunktur wieder reichlicher fließen[130]." Solange dies aber der Grund für ein strukturelles Defizit ist, kann nicht von ökonomischen Grenzen gesprochen werden, sondern hier liegt die Grenze eher im Verhalten der politischen Akteure.

2. Grenzen der Kreditverwendung und Lastverteilungsfunktion

Der öffentliche Kredit erlaubt eine Verschiebung der Finanzierungslasten von der Gegenwart in die Zukunft. Nach dem heutigen Erkenntnisstand ist es allerdings (noch?) nicht möglich, klare Anhaltspunkte dafür zu liefern, in welcher Form die staatliche Kreditaufnahme zur Verwirklichung zeitlicher Verteilungskonzeptionen beitragen kann. Dies soll aber in diesem Abschnitt unberücksichtigt bleiben[131]. Es sei statt dessen unterstellt, daß feststeht, in welcher Form der öffentliche Kredit zeitliche Verteilungsvorstellungen mitverwirklichen kann.

---

[129] Sachverständigenrat: Jahresgutachten 1977/78, Ziffer 419.

[130] Ebenda.

[131] Es soll allein der Zusammenhang zwischen den zeitlichen Verteilungswirkungen der staatlichen Kreditaufnahme und den zeitlichen Verteilungswirkungen staatlicher Ausgaben betrachtet werden.

Die jetzt interessierende Fragestellung lautet, ob der Kreditaufnahme zur Verwirklichung einer erwünschten intertemporalen Lastverteilung bestimmte Verwendungsarten gegenüberstehen müssen, und ob sich vielleicht auch aus einem Mangel an entsprechenden „Objekten" Grenzen für die Lastverteilung und die Kreditaufnahme ergeben können.

Bei einer zeitlich äquivalenten Lastverteilung müssen den Zukunftslasten, die sich aus der Kreditaufnahme ergeben, entsprechende, aus den Ausgaben resultierende Vorteile in der Zukunft gegenüberstehen. Nur auf diese Weise läßt sich erreichen, daß sich Periode für Periode und Generation für Generation Aufwand und Nutzen aus der Staatstätigkeit ausgleichen. Dazu bedarf es allerdings keiner Objektbindung der Krediteinnahmen im haushaltsrechtlichen Sinne. Es ist also nicht erforderlich, jeder einzelnen zukunftswirksamen Ausgabe eine Kreditaufnahme in entsprechender Höhe zuzuordnen oder gar noch eine Zweckbindung vorzuschreiben. Entscheidend ist vielmehr die Gesamtbetrachtung des Haushalts. Eine äquivalente Lastverteilung wird erreicht, wenn der Anteil zukunftswirksamer Ausgaben am Gesamthaushalt dem Anteil der zukunftsbelastenden Kreditaufnahmen am Gesamthaushalt entspricht. Es ist dann unbedeutend, welche Ausgaben tatsächlich mit den Krediten finanziert werden. Die zukunftswirksamen Ausgaben können auch schon geleistet und finanziert werden, wenn in einem Haushaltsjahr noch gar keine Kredite aufgenommen worden sind, etwa weil die Kreditaufnahme mit Rücksicht auf den Kapitalmarkt erst gegen Jahresende erfolgen soll. Umgekehrt können Kredite auch zur Finanzierung nicht zukunftswirksamer Ausgaben verwendet werden, wenn die Steuereinnahmen im Augenblick noch nicht vorliegen.

Wenn also auch zur Verwirklichung zeitlicher Verteilungsvorstellungen keine Objektbindung im finanzierungstechnischen, haushaltsrechtlichen Sinne notwendig ist, so besteht doch zumindest gedanklich ein Zusammenhang zwischen bestimmten Finanzierungsquellen und bestimmten Staatsausgaben. Dieser gedankliche Zusammenhang rechtfertigt eine Kreditaufnahme zur zeitlich äquivalenten Lastverteilung nur in Höhe der zukunftswirksamen Ausgaben. Insoweit wird also die Grenze der Kreditaufnahme durch die Höhe dieser Ausgaben bestimmt.

Was sind nun zukunftswirksame Staatsausgaben?

Ganz allgemein läßt sich dann von zukunftswirksamen Ausgaben sprechen, wenn sie sich auf die Lebens- und Wirtschaftsbedingungen zukünftiger Jahre auswirken. „Hierzu gehören nicht nur öffentliche Investitionen ..., sondern auch als öffentlicher Konsum eingestufte laufende Ausgaben, vor allem auf dem Gebiet der Erziehung, der Ausbildung und der Wissenschaft, des Verkehrswesens, des Gesundheitswesens, der Versorgungswirtschaft, des Umweltschutzes, der Stadtsanierung und der Verbeserung der Regionalstruktur[132, 133]." Diesen Katalog zukunftswirksamer Ausgaben kann man sogar noch erweitern. Geht man nämlich noch einen Schritt weiter, so lassen sich alle Staatsausgaben unabhängig von ihrem Verwendungszweck als zukunftswirksam ansehen, soweit sie einer rationalen Überprüfung standhalten. Alle Ausgaben, die nach einer Durchforstung der öffentlichen Haushalte noch als notwendig erscheinen, sind zukunftswirksam, weil sie entweder der Erhaltung oder der Förderung der Volkswirtschaft dienen. So sind bei einer überspitzten Betrachtungsweise auch die Ausgaben für innere Sicherheit und Verteidigung als zukunftswirksam zu bezeichnen. Diese Ausgaben vermitteln dem Bürger ein Gefühl der Sicherheit und bilden damit eine wesentliche Voraussetzung dafür, daß sich private Investitionen und privates Engagement entwickeln können.

Auch für denjenigen, der diese weite Interpretation zukunftswirksamer Ausgaben nicht nachvollziehen kann, ist damit wohl deutlich geworden, daß sich für die Lastverteilung keine Grenzen aus der Kreditverwendung ergeben können, oder aber nur dann entstehen, wenn in willkürlicher Form festgelegt wird, welcher Teil der Staatsausgaben zu-

---

132 Wissenschaftlicher Beirat beim Bundesministerium für Wirtschaft und Finanzen: Finanzierung ..., S. 7.

133 Siehe dazu auch Kapitel 4 F, S. 142 ff.

kunftswirksam ist und welcher nicht. Die Operationalisierung von zeitlichen Verteilungskonzepten wird deswegen auch bei einer Untersuchung der Kreditverwendung nicht erleichtert, wenn nicht am Ende das Ergebnis stehen soll, daß aus Gründen der Lastverteilung der ganze Haushalt über Kredit zu finanzieren ist.

G. Schlußfolgerungen aus der ökonomischen Betrachtung

Aus ökonomischer Sicht ist die staatliche Kreditaufnahme nach dem bisher Gesagten so lange unbedenklich, wie sie sich ohne Verletzung der wirtschaftspolitischen Zielsetzungen durchführen läßt, solange sie sich also in dem nach Stabilitätsgesichtspunkten festgelegten Finanzierungsrahmen bewegt und nicht zur Verdrängung nichtstaatlicher Kapitalnachfrager führt. Eine Staatsverschuldung in diesem Umfang kann allerdings auch schon zu hoch sein, wenn nicht ausreichende, zielgerechte Möglichkeiten zu Ausgabeerhöhungen oder Einnahmesenkungen bestehen. Die Auswahl der einzelnen Maßnahmen sollte sich vor allem danach richten, ob die Mittelverwendung zur Entstehung eines strukturellen Defizits beiträgt, was nach Möglichkeit vermieden werden muß. Ein weiterer Gesichtspunkt liegt darin, im Rahmen der Möglichkeiten auch noch innerhalb der Stabilisierungsfunktion eine gewisse Stetigkeit im staatlichen Verhalten erkennen zu lassen.

Vor jeder Entscheidung über eine Ausweitung der Staatsverschuldung muß eine Analyse der Situation und der zu erwartenden Finanzierungsströme stehen. Allein von der Kapitalaufbringung entstehen Grenzen erst in dem Maße, in dem der Staat über den gesamtwirtschaftlichen Finanzierungsspielraum hinausgeht. Hier entscheidet dann die Geldpolitik der Bundesbank darüber, ob es zur Inflation oder zu Zinssteigerungen und damit zu Wachstumseinbußen kommt.

Bei einer Orientierung an den Finanzierungsbedingungen steht die konjunkturelle Betrachtung des öffentlichen Kredits im Vordergrund. Außerkonjunkturelle Gründe für die staatliche Kreditaufnahme liefert zum einen die Überbrückungsfunktion des öffentlichen Kredits und zum anderen die Lastverteilungsfunktion.

Soweit diese Funktionen die Kreditaufnahme rechtfertigen können, müssen die möglichen negativen Wachstumswirkungen der Staatsverschuldung in einem anderen Licht betrachtet werden. Wachstumsverluste sind gerade die notwendigen Voraussetzungen für eine Lastverteilung. Inwieweit aber die Lastverteilung in der praktischen Politik als Rechtfertigung für eine Kreditaufnahme herangezogen werden kann, läßt sich aus einer ökonomischen Sicht wegen zu großer Operationalisierungsschwierigkeiten nicht beantworten. Tatsache ist lediglich, daß jede Kreditaufnahme die zeitliche Verteilung berührt.

Drittes Kapitel

Ökonomische Grenzen der Kreditaufnahme in den Konzepten zur mittelfristigen Staatsverschuldung in der Bundesrepublik Deutschland

A. Vorbemerkungen

In diesem Kapitel soll dargestellt werden, ob und auf welche Weise der Sachverständigenrat, die Bundesbank und das Bundesfinanzministerium Vorstellungen über eine mittelfristige Grenze der staatlichen Kreditaufnahme entwickeln. Es geht hierbei ausschließlich darum, die grundsätzlichen Überlegungen zu behandeln, die zu den einzelnen „Konzepten" geführt haben. Unterschiede, die sich aus den verschiedenen Ansätzen ergeben, sind deswegen auch im folgenden nur dann von Bedeutung, wenn sie prinzipiell verschiedene Ursachen haben. Es ist daher auch nicht erforderlich, sich mit quantitativen Abweichungen zwischen den einzelnen Konzepten zu befassen, die weitgehend auf unterschiedliche statistische Abgrenzungen und Zurechnungen zurückzuführen sind. So bezieht sich beispielsweise der Sachverständigenrat in seinen Aussagen auf das Finanzierungsdefizit der öffentlichen Haushalte in der Abgrenzung der Finanzstatistik, während sich die Bundesbank nach dem Kassendefizit richtet[1].

---

1 Jährliche Unterschiede zwischen den beiden Größen sind zum Teil darauf zurückzuführen, daß im Kassendefizit der öffentlichen Haushalte (ohne Sozialversicherung) nicht die Zahlungen zwischen der öffentlichen Hand und der Europäischen Gemeinschaft berücksichtigt werden. Weitere geringfügige Unterschiede entstehen durch statistische Feinheiten, die von der Bundesbank, vom Statistischen Bundesamt sowie auch vom Bundesfinanzministerium jeweils verschieden gehandhabt werden. Alles in allem sind die Unterschiede aber gering. Das Finanzierungsdefizit wird durch die Gegenüberstellung der Einnahmen und Ausgaben, jeweils in der Abgrenzung der Finanzstatistik, ermittelt. Dabei sind Einnahmen ohne die Entnahmen aus Rücklagen, Schuldenaufnahmen am Kapitalmarkt und bei Trägern der Sozialversicherung, ohne Einnahmen aus dem Münzwesen und ohne die inneren Darlehen der Gemeinden zu verstehen.

Die Ausgaben umfassen nicht die Zuführung an Rücklagen und auch nicht die Schuldentilgung. Diese Besonderheiten sind auch mit ein Grund dafür, daß die Nettokreditaufnahme der öffentlichen Hand nicht mit dem

Sollte sich am Ende dieses Kapitels erweisen, daß die drei Konzeptionen auf gleichen grundsätzlichen Überlegungen aufbauen und diese auch einer kritischen Überprüfung standhalten, ließen sich ohne weiteres durch entsprechende Bemühungen die statistisch bedingten Unterschiede herausrechnen, so daß die Konzepte unmittelbar auch quantitativ miteinander vergleichbar wären.

B. Das Konzept des Sachverständigenrates[2]

1. Darstellung

In seinem Jahresgutachten von 1970 stellte der SVR erstmals seine Ansicht über die mittelfristig vertretbare Kreditaufnahme des Staates vor. Danach braucht eine mittelfristig orientierte Kreditaufnahme keine konjunkturellen Einflüsse zu beachten; sie hat sich vielmehr am Wachstum des Produktionspotentials auszurichten[3]. Die jährliche Neuverschuldung der öffentlichen Hand ergibt sich in diesem Konzept durch die Fortschreibung der Neuverschuldung in einem Basisjahr. Die Neuverschuldung dieses Basisjahres muß allerdings um die konjunkturell bedingte Kreditaufnahme bereinigt werden, um der alleinigen Orientierung am Wachstum des Pro-

---

Finanzierungsdefizit übereinzustimmen braucht. Vgl. zu diesen Abgrenzungen u. a.: Finanzbericht 1969, S. 30 sowie Finanzbericht 1978, S. 16, hrsg. vom Bundesfinanzministerium.

Wesentliche Unterschiede können allerdings zwischen dem Finanzierungsdefizit nach der Finanzstatistik und dem nach der Volkswirtschaftlichen Gesamtrechnung bestehen, das die Bundesbank bei der Untersuchung der gesamtwirtschaftlichen Finanzierungsströme verwendet. Die Unterschiede haben in der Vergangenheit bis zu 11 Mrd. DM pro Jahr betragen. Zum Teil sind diese Unterschiede darauf zurückzuführen, daß die Finanzstatistik einzelne Positionen nach den tatsächlich geleisteten Zahlungen erfaßt (Kassenprinzip), während die Volkswirtschaftliche Gesamtrechnung sich bemüht, der Leistungserstellung entsprechend zu verbuchen. Vgl. dazu u. a. die jeweiligen Bemerkungen in den Monatsberichten der Deutschen Bundesbank, jeweils Heft 5 und 10 der einzelnen Jahrgänge seit 1968, sowie in besonderen Einzelheiten den Sonderdruck der Deutschen Bundesbank: Zahlenübersichten und methodische Erläuterungen zur gesamtwirtschaftlichen Finanzierungsrechnung der Deutschen Bundesbank 1950 bis 1974, Frankfurt 1975, S. 3 bis 12.

[2] In diesem Kapitel jeweils mit SVR abgekürzt.

[3] Vgl. Jahresgutachten 1970, Ziffer 324.

duktionspotentials gerecht werden zu können. Die mittelfristige Verschuldung dient nach dieser Konzeption nämlich nicht der Erfüllung von Stabilisierungsaufgaben[4]. Als Basis für die Fortschreibung der staatlichen Kreditaufnahme hat der SVR das Jahr 1966 gewählt, in dem die öffentliche Hand eine Neuverschuldung in Höhe von 10,5 Milliarden DM zu verzeichnen hatte. Von diesen 10,5 Milliarden DM waren allerdings nach Auffassung des SVR 3 Milliarden DM konjunkturbedingt, so daß lediglich 7,5 Milliarden DM beziehungsweise 1,4 Prozent des Produktionspotentials als konjunkturneutrale Verschuldung angesehen werden konnten. An diese Staatsverschuldung und damit an eine Beanspruchung der privaten Ersparnisse in dieser Höhe hatte sich die Wirtschaft nach den Vorstellungen des SVR angepaßt[5]. Offenbar geht der SVR auch davon aus, daß der Staat keine sonstigen Kreditnachfrager aufgrund seiner Kreditwünsche zu verdrängen braucht, wenn er sich in dieser Höhe verschulden will. Denn erst bei einer staatlichen Kreditnachfrage, die dieses konjunkturneutrale Maß in Höhe von 1,4 Prozent des Produktionspotentials übersteigt, rechnet er mit der Gefahr von Zinssteigerungen und negativen Einflüssen auf die Investitionspläne der Privaten[6]. Auch stabilitätspolitisch ist die Staatsverschuldung nach diesem Konzept in einem solchen Umfang offenbar unbedenklich, solange in entsprechendem Maße private Ersparnisse zur Verfügung stehen[7].

Nach dem Jahresgutachten von 1974 entstehen allerdings Zweifel an der Auffassung, daß mit der konjunkturgerechten Staatsverschuldung keinerlei Verdrängungseffekte verbunden sein sollen. So schreibt der SVR: „Sollen die für 1975 geplanten Ausgabenüberschüsse des Staates konjunkturgerecht genannt werden, so muß dies heißen, daß sie bei der anzustrebenden monetären Expansion auch finanziert werden können, ohne daß in unerwünschtem Maße private Finanzie-

---

[4] Vgl. Gandenberger, O.: Zur Messung der konjunkturellen Wirkungen öffentlicher Haushalte, Band 10 der Reihe Wirtschaft und Gesellschaft, hrsg. von Neumark, F., und Kloten, N., Tübingen 1973, S. 79.

[5] Vgl. Jahresgutachten 1970, Ziffer 346.

[6] Vgl. ebenda 1970, Ziffer 349.

[7] Vgl. ebenda, Ziffer 344.

rungswünsche verdrängt werden müssen[8]." Hieraus kann man den Schluß ziehen, daß die Staatsverschuldung konjunkturgerecht ist, solange sie nur in einem bestimmten, politisch gewollten Maße zu einer Verdrängung privater Finanzierungswünsche führt. Da nun mittelfristig die konjunkturgerechte Verschuldung der konjunkturneutralen Verschuldung entsprechen muß, würde dies also bedeuten, daß die konjunkturneutrale, von einer Basis fortzuschreibende Staatsverschuldung in einem bestimmten Maße zur Verdrängung privater Finanzierungswünsche führen kann. Dies gilt vor allem deshalb, weil bei einer Vollauslastung der Kapazitäten und unter den Bedingungen einer konsequenten stabilitätspolitisch orientierten Geldpolitik der Kreditaufnahme eine ähnliche Entzugswirkung wie einer Steuerfinanzierung zuzuschreiben ist[9].

Im Jahre 1975 deutet der SVR an, daß die gewählte Basis des Jahres 1966 unter Umständen nicht mehr geeignet sei, als Maßstab für die konjunkturneutrale und damit nicht stabilitätspolitisch motivierte Staatsverschuldung zu dienen[10]. Dies wird mit der trendmäßigen Zunahme der Sparquote begründet[11]. Stabilitätspolitisch unbedenklich könne die Staatsverschuldung c. p. in dem Maße ausgedehnt werden, in dem die Volkswirtschaft über zusätzliche Ersparnisse verfügt. Eine andere Möglichkeit, die mittelfristige Verschuldung konjunkturneutral zu variieren, besteht nach Ansicht des SVR darin, die Privaten daran zu gewöhnen, daß der Staat einen größeren beziehungsweise kleineren Anteil seiner Ausgaben dauerhaft mit Krediten finanziert. Die Gewöhnung würde die Ansprüche der Privaten an das Produktionspotential verändern helfen[12]. Eine solche Gewöhnung läßt sich über die An-

---

8 Jahresgutachten 1974, Ziffer 330.

9 Ebenda, Ziffer 407.

10 Verschiedentlich wird dem SVR in der Literatur vorgeschlagen, von einer festen Basis abzugehen, und den konjunkturneutralen Haushalt von einer beweglnichen Basis abzuleiten. Vgl. unter anderem Scherer, K.: Maßstäbe zur Beurteilung von konjunkturellen Wirkungen des öffentlichen Haushalts, S. 115, S. 170 sowie S. 231, Diss. Mainz 1977.

11 Vgl. Jahresgutachten 1975, Ziffer 222.

12 Vgl. ebenda, Ziffer 428.

wendung des wirtschaftspolitischen Instrumentariums zweifelsohne beeinflussen. Der Anteil der mittelfristig vertretbaren Neuverschuldung des Staates in einer Höhe von 1,4 Prozent ließe sich demnach sowohl senken als auch erhöhen. „Wissenschaftlich exakt läßt sich (allerdings, der Verfasser) nicht ableiten, an welche Beanspruchung des Produktionspotentials und an welche Einnahmeregelung die Privaten gewöhnt sind[13]."

Der SVR plädiert aber nicht nur für eine Staatsverschuldung in Höhe dieser Normalverschuldung, an die sich die Privaten gewöhnt oder angepaßt haben. Darüber hinaus hält er eine Kreditaufnahme aus Stabilitätsgründen nicht nur für unbedenklich, sondern auch für erforderlich.

In Rezessionszeiten kann und muß der Staat neben der Normalverschuldung Kredite aufnehmen, um seinen konjunkturbedingten Einnahmeausfall im Vergleich zur Situation der Normalauslastung auszugleichen[14]. Diese Kreditaufnahme ist um den Betrag zu bereinigen, der sich aus inflationsbedingten Steuermehr- oder -mindereinnahmen ergibt. Schließlich ist es noch möglich, daß sich die sonstigen Einnahmen des Staates entgegen der Entwicklung des Produktionspotentials verändern. Auch dieser Teil muß über eine Variation der Kreditaufnahme aufgefangen werden. Erst wenn alle diese Faktoren bei der Staatsverschuldung berücksichtigt sind, ist gewährleistet, daß der Staat sich nicht prozyklisch verhält, sondern nach wie vor einen bestimmten Anteil des Produktionspotentials in Anspruch nimmt. Deswegen bezeichnet der SVR auch alle diese Komponenten als konjunkturneutral. Erst von einer darüber hinausgehenden Verschuldung gehen dann konjunkturell notwendige Effekte aus, erst damit wird eine Umkehr der Wirtschaftsentwicklung möglich[15].

---

[13] Barth, H. J.: Potentialorientierte Verschuldung, in: Quartalshefte, Girozentrale und Bank der österreichischen Sparkassen, 11. Jg., Heft 4, Wien 1976, S. 38.

[14] Vgl. Jahresgutachten 1972, Ziffer 274. Unter der Normalauslastung versteht der SVR eine Auslastung des Produktionspotentials in Höhe von 97,25 Prozent.

[15] Vgl. ebenda.

Die Kreditaufnahme, die über die Normalverschuldung hinausgeht oder in Hochkonjunkturphasen hinter der Normalverschuldung zurückbleibt, ist weitgehend stabilitätspolitisch begründet. Sie stimmt insofern mit allen Betrachtungen des öffentlichen Kredits im Rahmen der Stabilisierungsfunktion überein. Neu am Konzept des SVR ist allerdings die potentialorientierte konjunkturunabhängige Kreditaufnahme, also die Tatsache, daß mittelfristig kein Nullsaldo des Staatshaushaltes angestrebt wird.

2. Würdigung

Die Frage, wie stark der Staat das Produktionspotential beanspruchen soll und wie seine Ausgaben zu finanzieren sind, läßt sich auf verschiedene Weise beantworten. „Die Entscheidungen hierüber sind politische Entscheidungen, für die die dazu legitimierten Instanzen einen gewissen Spielraum haben, da unsere Marktwirtschaft anpassungsfähig ist, wenn auch nicht unbegrenzt[16]."

Die Aufgabe des Wirtschaftswissenschaftlers besteht darin, die Konsequenzen aufzuzeigen, die je nach der Ausnutzung des Entscheidungsspielraumes zu erwarten sind. Bezogen auf das Konzept des SVR heißt das, es gilt zu zeigen, welche unterschiedliche Wirkung sich aus der Annahme einer mittelfristigen Normalverschuldung etwa im Vergleich zu einem Budget mit mittelfristig ausgeglichenem Finanzierungssaldo ergibt. Das Ergebnis dieses Vergleichs sollte dann die Entscheidung über eine mögliche Variation der mittelfristig anzustrebenden Verschuldung bestimmen. Eine dementsprechende Änderung der konjunkturunabhängigen Kreditaufnahme sollte auch möglich sein, zumal der SVR selbst immer wieder eingeräumt hat, „daß die Wirtschaft durchaus an unterschiedliche Pfade der „Normalverschuldung" gewöhnt werden kann ...[17]."

Die Überlegungen im 2. Kapitel dieser Arbeit haben ergeben, daß die staatliche Kreditaufnahme, soweit sie nicht

---

[16] Jahresgutachten 1970, Ziffer 323.

[17] Jahresgutachten 1977, Ziffer 165.

aus Stabiliserungsgründen erfolgt, eher zu Lasten der privaten Investitionen und damit zu Lasten des Wachstums geht als die Steuerfinanzierung. Danach müßte also die Entscheidung für eine positive oder höhere mittelfristige Verschuldung gleichbedeutend sein mit der Entscheidung für ein vergleichsweise geringeres Wachstum. Nun ergaben die bisherigen Überlegungen aber auch, daß das Wachstum nur in dem Maße direkt durch die staatliche Kreditaufnahme beeinträchtigt wird, in dem private Investitionen verdrängt werden. Nach den Ausführungen des SVR ist allerdings nicht ganz deutlich, ob die Normalverschuldung mit keinerlei oder nur im politisch gewünschten Maße mit Verdrängungseffekten verbunden sein soll. Es sei zunächst unterstellt, daß es sich um eine Verdrängung im politisch gewünschten Umfang handelt. In diesem Fall geht die Kreditaufnahme zu Lasten der privaten Investitionen und des Wachstums. Dieses im Vergleich zur Steuerfinanzierung geringere Wachstum reichte dann offenbar im Basisjahr aus, um die einzelnen politischen Ziele in erwünschtem Maße zu realisieren. Solange dieser Zustand bestehen bleibt, besteht dann auch anscheinend keine weitere Veranlassung, einen anderen Pfad der Normalverschuldung anzustreben. Wenn sich allerdings in der Gesellschaft Anzeichen für ein Verlangen nach einem höheren oder geringeren Wachstum erkennen lassen, so kann dies unter anderem in Form einer Senkung oder Erhöhung der Normalverschuldung Berücksichtigung finden[18].

Von den Funktionen des öffentlichen Kredits eignet sich eigentlich nur die Lastverteilungsfunktion zur Rechtfertigung einer solchen Normalverschuldung, aber auch hier bestehen erhebliche Schwierigkeiten der praktischen Anwendung. Die Verdrängung könnte man allerdings auch damit verteidigen, daß unterstellt wird, daß der Staat mit seiner Kreditaufnahme geringwertige private Investitionen verdrängt und gleichzeitig mit den Krediten eigene, gesamtwirtschaftlich höher zu bewertende Ausgaben finanziert. Abgesehen davon, daß damit die Annahme gegebener Staatsausgaben aufgegeben

18 Es sind dabei jeweils konstante Ausgaben unterstellt, es handelt sich also immer um die Alternative Steuer oder Kredit.

wird, bestehen hier auch grundlegende Einwände. Es läßt sich nämlich nicht garantieren, daß der Staat gerade die privaten Investitionen verdrängt, die keine oder nur geringe gesamtwirtschaftliche Bedeutung haben. Es läßt sich auch nur im Falle eines kredifinanzierten Nachtragshaushaltes feststellen, wofür die Kredite im einzelnen veranschlagt werden. Nicht zuletzt scheitert dieser Ansatz aber auch an den ungeheuren Schwierigkeiten, die gesamtwirtschaftliche Bedeutung von bestimmten Staatsausgaben zu messen, um sie dann mit der von privaten Ausgaben zu vergleichen[19].

Beide Gedanken, Lastverteilung sowie Verdrängung geringwertiger Investitionen, werden aber vom Sachverständigenrat an keiner Stelle aufgegriffen. Es erscheint deshalb auch verfehlt, ihn in diesem Sinne interpretieren zu wollen.

Für den Fall hingegen, daß die Normalverschuldung mit keinerlei direkten Verdrängungswirkungen verbunden sein soll, ergeben sich andere Schlußfolgerungen. In seinem „Gewöhnungskonzept" geht der SVR davon aus, daß auch bei Vollauslastung des Produktionspotentials der außerstaatliche Sektor mehr spart als investiert, also insgesamt ein Finanzierungsüberschuß im außerstaatlichen Sektor besteht. Dabei spielt es für den SVR keine Rolle, ob sich dieser Überschuß im Laufe der Zeit weitgehend selbständig gebildet hat, oder ob er auf Anpassungen der Wirtschaftssubjekte an wirtschaftspolitische Maßnahmen zurückzuführen ist[20]. Entscheidend für das Konzept ist, daß im Basisjahr der Überschuß aufgrund der verschiedenen Einzelpläne zustande kam. Das Konzept geht insoweit auf mikroökonomische Überlegungen zurück. Der Staat füllt dann durch seine Kreditaufnahme die Lücke zwischen der privaten Ersparnis und den privaten Investitionen und damit ist gesamtwirtschaftlich eine Übereinstimmung von Ersparnis und Investition gewährleistet. In gewisser Weise erinnert dieser Ansatz des SVR an die Theorie vom kompensatorischen Budget[21]. Die Anhänger dieser

---

19 Siehe dazu auch im einzelnen das 4. Kapitel, S. 114 ff.

20 Vgl. Jahresgutachten 1970, Ziffer 260 sowie Jahresgutachten 1975, Ziffer 428.

21 Vgl. Neumark, F.: Grundsätze und . . ., S. 638 f.

Theorie gingen ebenfalls von einem ständigen Überhang der privaten Ersparnis über die privaten Investitionen aus und forderten deswegen Jahr für Jahr vom Staat ein Defizit, um einen gesamtwirtschaftlichen Ausgleich zwischen Sparen und Investieren und damit die Vollbeschäftigung zu garantieren. Begründet wurde diese Auffassung im wesentlichen damit, „daß ein Sinken der Geburtenüberschußrate zusammentrifft mit einem Schwinden der Möglichkeiten, wirtschaftlich unentwickelte Gebiete kapitalistisch zu erschließen, ferner mit einem Vordringen kapitalsparender Erzeugungsmethoden, die tendenziell zu Lasten zusätzlicher Investitionen gehen, einer technisch-ökonomischen Entwicklung, die mehr auf die Verbesserung bestehender Einrichtungen und Güter aus ist, als daß sie sich auf kapitalsparende ‚large scale inventions' stützte, sowie schließlich mit der Tatsache, daß aus einer Reihe von politisch soziologischen Gründen der moderne Staat in immer stärkerem Maße Träger von Investitionen für Zwecke wird, die entweder essentiell neuartig sind oder aber früher zur Domäne der Privatinitiative gehörten"[22].

Wenn auch ein großer Teil dieser Gesichtspunkte die derzeitige Entwicklung recht gut beschreibt, eignet sich eine Kreditaufnahme im Sinne dieses kompensatorischen Budgets nicht zur Aufhellung des theoretischen Hintergrundes, der möglicherweise zu dem Gewöhnungskonzept des SVR geführt hat. Der SVR weist nämlich ausdrücklich darauf hin, daß eine mittelfristige konjunkturneutrale Verschuldung frei von Stabilisierungswirkungen sein soll[23], während gerade die Stabilisierungsfunktion die Rechtfertigung für die Kreditaufnahme im Rahmen des kompensatorischen Budgets liefert.

Entscheidend für das Konzept des SVR ist offensichtlich die Tatsache, daß eine Kreditfinanzierung von Staatsausgaben stabilitätspolitisch unbedenklich ist, solange sie das Korrelat von geplanten Ersparnissen der Privaten ist[24]. Mit anderen Worten: die Staatsverschuldung stößt in dieser Konzeption

[22] Vgl. Neumark, F.: Grundsätze und . . ., S. 639.

[23] Vgl. Jahresgutachten 1970, Ziffer 324.

[24] Vgl. Barth, H. J.: Potentialorientierte . . ., S. 39 sowie Jahresgutachten 1970, Ziffer 260 ff.

erst an Grenzen, wenn sie inflationäre Tendenzen nach sich zieht. Daß der Stabilitätsgesichtspunkt aber nicht allein für die Höhe der Kreditaufnahme bedeutsam sein kann, macht der SVR in seinem Gutachten von 1976 selbst deutlich. „Die Entscheidung darüber, wie der Staat mittelfristig seine Ausgaben finanzieren soll, ob durch Steuern oder durch Kredite, muß auf längere Sicht in erster Linie unter wachstumspolitischen, strukturpolitischen und verteilungspolitischen Gesichtspunkten entschieden werden[25]."

Der Zusammenhang zwischen der Wachstumsrate des Sozialprodukts und dem jeweiligen gewählten Pfad der Normalverschuldung wird aber aus den Ausführungen des SVR nicht erkennbar. Die möglichen negativen Wachstumswirkungen einer Normalverschuldung spricht der SVR zwar in seinem Gutachten von 1978 an, er bezieht sich dabei aber nur auf die Risiken einer denkbaren Ausdehnung der Normalverschuldung[26]. Nach Ansicht des Verfassers müßten diese zutreffenden Bedenken des SVR aber auch die bereits bestehende Normalverschuldung berühren. Auf jeden Fall sagt die stabilitätspolitische Unbedenklichkeit einer bestimmten Verschuldungsquote noch nichts über die mit ihr verbundenen Wachstumswirkungen aus. Es soll hier nicht bestritten werden, daß im Jahre 1966 eine Kreditquote von 1,4 Prozent des Produktionspotentials sowohl zu den stabilitäts- als auch zu den wachstumspolitischen Vorstellungen der jeweiligen Entscheidungsträger gepaßt hat. Aus stabilitätspolitischer Sicht ist ebenfalls nicht anzuzweifeln, daß sich die Kreditquote angesichts einer trendmäßigen Erhöhung der privaten Ersparnis noch anheben läßt, wenn — dies ist wesentlich — gleichzeitig die privaten Investitionen zumindest konstant bleiben. Sollte sich eine derartige Entwicklung aber nicht nur konjunkturell bedingt, sondern auch mittelfristig ergeben, so würde dies doch in erstaunlichem Maße den Randbedingungen einer reifen Wirtschaft oder einer säkularen Stagnation ähneln. In mittelfristiger Sicht ist eine solche Vermutung jedoch erst gerechtfertigt, wenn sich eine Belebung und Forcierung der

---

[25] Jahresgutachten 1976, Ziffer 222.

[26] Vgl. Jahresgutachten 1978, Ziffer 311.

privatwirtschaftlichen Investitionstätigkeit als unmöglich erweist. Ein trendmäßiger Anstieg der Sparquote muß deswegen nicht unbedingt Kennzeichen für Stagnationstendenzen und damit Anlaß zu einer Erhöhung der mittelfristigen Kreditquote sein, sondern sollte zunächst zur Suche nach investitionsfördernden Maßnahmen veranlassen. „Eine Strategie der Vollbeschäftigung durch Wachstum fordert vom Staat, daß dieser den privaten Haushalten und Unternehmen auf mittlere Sicht ausreichend Raum und genügend Anreize für wirtschaftliche Aktivitäten läßt[27]." Eine Maßnahme dazu kann demnach auch sein, die Wirtschaftssubjekte an einen geringeren Pfad der Normalverschuldung zu gewöhnen und ihnen damit auch mittelfristig einen größeren Finanzierungsspielraum für Investitionen zu eröffnen. Dieser Ansatz erhält im Hinblick auf die relativ stärkere Wachstumsbeeinträchtigung der Kredit- im Vergleich zur Steuerfinanzierung noch erhöhtes Gewicht. So schreibt auch Rahmann: „Bei einer mit steigender Investitionsneigung steigenden privaten Nachfrage nach Krediten muß die des Staates entsprechend zurückgehen, um nicht kontraktive Entzugswirkungen zu erzeugen[28]." Ein geringerer Pfad der Normalverschuldung muß jedoch nicht unbedingt eine Normalverschuldung von Null bedeuten[29], solange sich allerdings ein Ausgleich zwischen der nichtstaatlichen Ersparnis und der nichtstaatlichen Investition realisieren läßt, spricht aber auch aus stabilitätspolitischen Gründen nichts gegen einen derartigen Pfad. Zugunsten einer Normalverschuldung von Null könnte sprechen, daß der Staat sich darauf beschränken sollte, Rahmenbedingungen für die Privatwirtschaft zu setzen. Da sich auch aus den Aufgaben der Allokation und der Distribution, abgesehen von zeitlichen Verteilungswirkungen, keine Anhaltspunkte für eine Überlegenheit der Kreditfinanzierung ergeben, sollte prinzipiell versucht werden, ein Gleichgewicht innerhalb des außerstaatlichen Sektors zu erreichen. Diese Betrachtungsweise soll

---

27 Jahresgutachten 1977, Ziffer 419.

28 Rahmann, B.: Grundlagen konjunkturbeeinflussender Haushaltspolitik, Berlin 1972, S. 53.

29 Siehe dazu auch das 2. Kapitel und den Finanzierungsspielraum unter den dort gemachten Gleichgewichtsannahmen.

allerdings auch nicht als eine Neubelebung eines dogmatischen Budgetausgleichs mißverstanden werden. Es geht hierbei nur um eine mittelfristig vorstellbare Zielgröße, die zudem noch wandelbar ist, wenn einmal die Operationalisierungsschwierigkeiten bei der Bestimmung zeitlicher Verteilungskonzepte beseitigt sind.

Fällt die Entscheidung zugunsten eines positiven Verschuldungspfades, so muß stets bedacht werden, daß eine positive Normalverschuldung relativ weniger Wachstum bedeutet. Die Tatsache, daß die Bürger sich an eine bestimmte Verschuldung gewöhnt haben, sagt nichts über mögliche Wachstumswirkungen der staatlichen Kreditaufnahme aus. Die Wirtschaftssubjekte gewöhnen sich mit der Zeit an positive wie negative Situationen. Entscheidend muß vielmehr sein, ob sich ein möglicherweise geringeres Wachstum mit den sonstigen Zielvorstellungen vereinbaren läßt.

Angesichts der Bevölkerungsentwicklung in der Bundesrepublik Deutschland und angesichts der Schwierigkeiten bei der Finanzierung der Sozialversicherung scheint es eher wahrscheinlich, daß auch mittelfristig höhere Wachstumsraten zum Erreichen der politischen Zielvorstellung nötig sind, als dies vielleicht noch bei der Wahl des Basisjahres mit 1966 den Anschein hatte. Aus dieser Sicht würde sich also auch eine geringere potentialorientierte Kreditquote als im Basisjahr empfehlen. Erst wenn sich alle Maßnahmen zur Belebung der privaten Investitionen als unzureichend und erfolglos erweisen, sollte man auf eine dauerhafte Anhebung der Kreditfinanzierungsquote zurückkommen. Die Begründung für die Kreditfinanzierung dürfte dann allerdings nicht in einer wie auch immer definierten Gewöhnung liegen, sondern müßte eindeutig auf Stabilisierungsüberlegungen zurückzuführen sein. Die Kreditaufnahme diente dann dem Ausgleich zwischen der gesamtwirtschaftlichen Ersparnis und der gesamtwirtschaftlichen Investition.

C. Das Konzept der Deutschen Bundesbank

1. Darstellung

Im Gegensatz zum SVR hat die Deutsche Bundesbank nicht in kontinuierlicher Form Vorstellungen zu einer mittelfristig vertretbaren Staatsverschuldung veröffentlicht. Lediglich in den Geschäftsberichten der Deutschen Bundesbank für die Jahre 1971 und 1976 finden sich Äußerungen, aus denen sich ein „Konzept" herleiten läßt.

So heißt es im Geschäftsbericht für das Jahr 1971, daß der konjunkturneutrale Haushaltssaldo ein Orientierungspunkt für die Finanzpolitik sein könnte[30]. Die Berechnung dieses konjunkturneutralen Haushaltssaldos basiert dabei auf dem Konzept des SVR, das dieser im Jahre 1970 erstmals in ausführlicher Form vorgestellt hatte[31]. Damit übernimmt die Bundesbank offenbar auch die Vorstellungen des SVR zur potentialorientierten Kreditaufnahme, die damit also auch von der Bundesbank in einer Höhe von 1,4 Prozent des Produktionspotentials angesetzt wird.

Erst fünf Jahre später, im Geschäftsbericht für 1976, findet sich eine weitere Äußerung der Bundesbank zur mittelfristigen Staatsverschuldung. Es heißt dort im einzelnen: „Für den in näherer Zukunft zu steuernden finanzpolitischen Kurs bleibt es somit das entscheidende Problem, das öffentliche Defizit auf das mittelfristig vertretbare Ausmaß zurückzuschrauben. Der unter solchen Bedingungen für die öffentliche Hand bestehende Finanzierungsspielraum dürfte zwar etwas höher einzuschätzen sein, als dies früheren Verhältnissen entsprach, vor allem weil die Sparquote der privaten Haushalte im Trend gestiegen ist und der Wohnungsbau, der eine besonders hohe Fremdfinanzierung aufweist, auch nicht annähernd wieder den Umfang vom Beginn der siebziger Jahre erreichen dürfte. So spricht manches dafür, daß das bei wieder erreichter Vollauslastung der Kapazitäten vertretbare Kassendefizit aller öffentlichen Haushalte nunmehr auf eine

[30] Vgl. Geschäftsbericht der Deutschen Bundesbank für das Jahr 1971, Frankfurt 1972, S. 86.

[31] Vgl. ebenda, S. 85.

Größenordnung von 2 Prozent des Bruttosozialproduktes zu veranschlagen wäre[32]."

Wenn auch in dieser Passage nicht ausdrücklich ein Bezug auf die Aussage im Geschäftsbericht für 1971 erkennbar wird, so scheint doch nach wie vor das Konzept des SVR die Grundlage der Aussage zu bilden. Der Unterschied liegt nur darin, daß die Bundesbank die mittelfristige Kreditquote von 1,4 Prozent des Produktionspotentials auf 2 Prozent des Bruttosozialprodukts erhöht hat. Damit vollzieht sie einen Schritt, den der SVR bisher nur erwogen, aber nicht durchgeführt hat. Neben der trendmäßigen Zunahme der Ersparnis, die auch den SVR veranlaßt hat, über eine Erhöhung der Normalverschuldung nachzudenken, sprach aber für die Bundesbank auch der gesunkene Finanzierungsbedarf im Wohnungsbau für eine Erhöhung der mittelfristigen Kreditaufnahme.

Über diese Formulierungen in den Geschäftsberichten hinaus ergaben sich für den Verfasser aus verschiedenen Gesprächen mit Vertretern der Deutschen Bundesbank weitere Schlußfolgerungen[33]. Die Vorstellung von der mittelfristigen Staatsverschuldung ist aus der Entwicklung der Finanzierungsströme in der Vergangenheit abgeleitet worden. Dabei bleibt es allerdings offen, ob, wie beim SVR, eine gewisse Gewöhnung unterstellt wird, oder ob andere Gründe, etwa eine Investitionsschwäche der Privaten, zu der Festlegung der 2 Prozent geführt haben. Bezüglich dieser 2 Prozent ist allerdings inzwischen erkannt, daß sich die Annahme über den verminderten Finanzierungsbedarf in der Wohnungswirtschaft zunehmend als falsch erweist. Es müßte also jetzt eine niedrigere Kreditquote als 2 Prozent für mittelfristig vertretbar gehalten werden. Darüber hinaus gaben Vertreter der Bundesbank zu erkennen, daß der Satz von 2 Prozent in gewisser Weise willkürlich gewählt sei, und beispielsweise auch 1,5 Prozent oder 2,5 Prozent hätte betragen können.

---

[32] Vgl. Geschäftsbericht der Deutschen Bundesbank für das Jahr 1976, Frankfurt 1977, S. 47.

[33] Dankenswerterweise gaben der Vizepräsident der Deutschen Bundesbank, Herr K. O. Pöhl, das Direktoriumsmitglied Herr Dr. H. Irmler, sowie Herr Dr. R. Fecht dem Verfasser Gelegenheit, sich über die verschiedenen Fragen zur Staatsverschuldung zu informieren.

Diese Schwierigkeiten, rationale Gründe für eine bestimmte mittelfristige Verschuldungsquote zu liefern, klingen auch in folgender Äußerung von Irmler an: „In der Praxis wird man ... davon ausgehen müssen (und auch können), daß auch der Staat, ebenso wie die Wirtschaft, einen gewissen Teil seiner Ausgaben durch Kredite finanzieren kann. Die außerordentlich wichtige (theoretisch aber m. E. schwer lösbare) Frage ist nur, wie hoch dieses konjunkturunabhängige Defizit des Staates sein darf[34]."

2. Würdigung

Eine nähere Untersuchung der Umstände, die zu den Aussagen der Bundesbank zur mittelfristigen Staatsverschuldung bei Vollauslastung geführt haben, zeigt, daß es eigentlich kein eigenes Konzept der Deutschen Bundesbank gibt. Es wird zwar betont — und dem ist zuzustimmen — daß die Entwicklung der gesamtwirtschaftlichen Finanzierungsströme den Finanzierungsspielraum und damit die Kreditaufnahme des Staates bestimmt. Es wird aber nicht deutlich, welche rationalen Gründe dafür sprechen, daß mittelfristig ein Defizit des Staates besteht. Die Tatsache, daß in der Vergangenheit ein Finanzierungsüberschuß im außerstaatlichen Sektor bestand, reicht wohl für eine befriedigende Begründung eines Staatsdefizits in der Zukunft nicht aus. Rational kann eine Kreditaufnahme des Staates jeweils nur sein, wenn sie sich anderen Finanzierungsweisen als überlegen erweist. Die Begründung für eine mittelfristige Verschuldung bei Vollauslastung der Kapazitäten muß jeweils in einer der Funktionen der öffentlichen Kreditaufnahme liegen.

D. Das Konzept des Bundesfinanzministeriums[35]

1. Darstellung

Entscheidend für die vertretbare Höhe der Staatsverschuldung ist nach den Vorstellungen des Bundesfinanzministe-

34 Irmler, H.: Einige Gedanken zum Debt Management, in: Zeitschrift für das gesamte Kreditwesen, Heft 2, Frankfurt 1977, S. 7.

35 In wesentlichem Maße hat Herr Ministerialrat Dr. Neuthinger aus dem

riums sowohl in kurz- als auch in mittelfristiger Sicht allein die Entwicklung der Finanzierungsströme, also die Entwicklung der Finanzierungssalden der einzelnen volkswirtschaftlichen Sektoren. Diese Finanzierungssalden lassen sich aus gesamtwirtschaftlichen Prognosen ableiten, die in der Bundesrepublik für die Regierung unter der Federführung des Bundeswirtschaftsministeriums entstehen. Im Hinblick auf die Konzeption zur mittelfristigen Staatsverschuldung ist dabei im wesentlichen zwischen einer kurzfristigen (1 - 2 Jahre umfassenden) und einer mittelfristigen (bis zu 5 Jahren umfassenden) Prognose zu unterscheiden. Beide Prognosen werden mit Hilfe methodischer Mischformen erarbeitet, wobei das Schwergewicht auf einer empirisch-analytischen Methode mit sukzessivem Annäherungsverfahren liegt[36, 37].

Die kurzfristige Prognose[38] dient vor allem der Planung des nächsten Haushaltsjahres und läßt sich in vier große Arbeitsschritte zerlegen[39].

Zunächst erfolgt eine Analyse der konjunkturellen Ausgangslage sowie eine Abschätzung der Welthandelsentwicklung. Auf einer zweiten Stufe schließen sich Arbeitshypothesen über die zukünftige nominale Entwicklung der privaten Investitionen und des privaten Verbrauchs an. Daneben

---

Bundesfinanzministerium für diesen Abschnitt die notwendigen Auskünfte erteilt. Dafür sei ihm an dieser Stelle nochmals gedankt.

[36] Vgl. auch zum folgenden Raabe, K. H.: Gesamtwirtschaftliche Prognosen und Projektionen als Hilfsmittel der Wirtschaftspolitik in der Bundesrepublik Deutschland, in: Allgemeines Statistisches Archiv, 53. Band, Göttingen 1974, S. 8.

[37] Vgl. zur Kritik an der verwandten Methode unter anderem Nachtkamp, H. H.: Mehrjährige Finanzierungsplanungen und mittelfristige Zielprojektionen der Bundesregierung, Schriften zur öffentlichen Verwaltung und öffentlichen Wirtschaft, Band 7, hrsg. v. Eichhorn, P., und Friedrich, P., Baden-Baden 1976, S. 41 ff. Nachtkamp plädiert für die Anwendung eines ökonometrischen Verfahrens. Diese Kritik spielt allerdings im vorliegenden Zusammenhang insofern keine Rolle, als es hier um die grundsätzliche Überlegung geht, mit Hilfe einer Prognose den Verschuldungsspielraum des Staates zu bestimmen. Auf welche Weise diese Prognose erstellt wird, ändert aber nichts an diesem grundsätzlichen Vorgehen.

[38] Vgl. dazu besonders Raabe, K. H.: Prognosen und Projektionen der kurzfristigen Wirtschaftsentwicklung, Texte des Bundeswirtschaftsministeriums, Bonn 1969, S. 20 ff.

[39] Vgl. Raabe, K. H.: Gesamtwirtschaftliche Prognosen . . ., S. 9 ff.

schätzt man die Einkommensentwicklung anhand der Konjunkturlage sowie am erwarteten Verhalten der Gewerkschaften und der Arbeitgeber. Darauf aufbauend werden auf der Basis der geltenden Bestimmungen Aussagen über die öffentlichen Einkommensübertragungen möglich. Unter Einbeziehung der Staatstätigkeit und der Sozialversicherung entstehen schließlich auch Vorstellungen über die Höhe der nominalen Gesamtnachfrage. Alle diese Überlegungen laufen in einem Kontenschema ab, das aus der Volkswirtschaftlichen Gesamtrechnung abgeleitet ist. In einem dritten Arbeitsgang erfolgt der Versuch, die nominale Verwendung des Sozialprodukts in eine Preis- und eine Mengenkomponente aufzuteilen[40]. Mittels einer Produktionsfunktion und Annahmen über die Veränderung der Produktionsfaktoren Arbeit und Kapital entstehen auch Vorstellungen von der Entstehungsseite des Sozialprodukts.

„In der vierten Arbeitsstufe werden die Verteilungs-, Vermögensveränderungs- und Finanzierungspositionen geschätzt und damit das Kreislaufschema geschlossen[41].“ Eine wichtige Kontrollmöglichkeit für das entstandene Kreislaufschema bilden die Ergebnisse der Steuerschätzungen, die unabhängig von der Prognose unter Federführung des Bundesfinanzministeriums durchgeführt werden. Beide Rechnungen werden so aufeinander abgestimmt, daß die Ergebnisse zueinander passen und gleichzeitig einen hohen Wahrscheinlichkeitswert aufweisen. Notwendige Korrekturen führen dann auch dort, wo es angebracht erscheint, zu einer Änderung der verschiedenen Einzelannahmen. Am Ende der Rechnung müssen dann in einem konsistenten Gesamtsystem sich gegenseitig ausgleichende Finanzierungssalden der einzelnen Sektoren stehen. In den Prognosen werden die Sektoren private Haushalte, Unternehmen, Staat und Ausland unterschieden. Der ausgewiesene Finanzierungssaldo des Staates ist dann ausschlaggebend für die vertretbare Höhe der Staatsverschuldung. Dieser Finanzierungssaldo kann, jeweils in Abhängigkeit von der gesamtwirtschaftlichen Situation, positiv, aus-

---

40 Vgl. Raabe, K. H.: Gesamtwirtschaftliche Prognosen . . ., S. 10.

41 Ebenda, S. 11.

geglichen oder negativ sein. Wesentlich an diesem Vorgehen ist aber, daß die Kreislaufanalyse und die sich daraus ergebende Kreditaufnahme des Staates streng situationsbezogen erfolgt und nach Ansicht des Bundesfinanzministeriums auch erfolgen muß, wenn man an einer gesamtwirtschaftlichen Ausrichtung des Haushaltes interessiert ist.

Mittelfristig stellt das Bundesfinanzministerium in Anlehnung an die Prognosen des Bundeswirtschaftsministeriums[42] ähnliche Rechnungen wie bei der kurzfristigen Betrachtung eines Haushaltsjahres an. So stimmen auch die einzelnen Arbeitsschritte mit denen bei der Erstellung der kurzfristigen Prognose überein. Eine gewisse Parallelität ergibt sich auch schon daraus, daß das laufende und das nächste geplante Haushaltsjahr gleichzeitig die ersten 2 Jahre der mittelfristigen Finanzplanung bilden. In allen Einzelheiten werden aber nur die beiden ersten und das fünfte Jahr geplant, während das dritte und vierte Jahr in Form einer trendmäßigen Extrapolation in den Finanzplan eingehen. Die mittelfristige Prognose arbeitet allerdings im Gegensatz zur kurzfristigen nicht mit einwertigen Annahmen, sondern berücksichtigt auch Alternativrechnungen, die je nach unterstelltem Konjunkturverlauf ausfallen. Der Öffentlichkeit wird lediglich eine einzige, und damit sicher erscheinende Version vorgelegt[43]. Bei dieser Fassung ist jeweils fraglich, ob dies die Alternative ist, die die Regierung für die wahrscheinlichste hält, oder ob sie den Zielvorstellungen der Regierung am meisten entgegenkommt. Beides braucht nicht identisch zu sein.

2. Würdigung

Im Konzept des Bundesfinanzministeriums ergibt sich die erforderliche und damit vertretbare Kreditaufnahme aus der jeweiligen Konstellation der zu erwartenden Finanzierungs-

42 Vgl. im einzelnen Raabe, K. H.: Projektionen der mittelfristigen Wirtschaftsentwicklung, Texte des Bundeswirtschaftsministeriums, Bonn 1969, S. 10 ff.

43 Vgl. zur Kritik an diesem Vorgehen Schmidt, K., und Wille, E.: Die mehrjährige Finanzplanung, Wunsch und Wirklichkeit, Band 3 der Reihe Wirtschaft und Gesellschaft, herausgegeben von Kloten, N., und Neumark, F., Tübingen 1970, S. 88 f.

salden. Unabhängig davon, ob im Finanzplan die wahrscheinlichste oder die politisch erwünschte Konstellation der Öffentlichkeit vorgelegt wird, entscheidet also die gesamtwirtschaftliche Situation über die staatliche Kreditaufnahme. Dies gilt zumindest nach Aussagen im Bundesfinanzministerium auch für die mittelfristige Planung. Es bestehen also anscheinend keinerlei Vorstellungen von einem Sockelbetrag an konjunkturunabhängiger Verschuldung. Andererseits ist dies aber auch ein Grund dafür, daß die Aussagekraft der Zahlen über die Kreditaufnahme im mittelfristigen Finanzplan nicht sonderlich hoch eingeschätzt wird, weil sich nämlich die gesamtwirtschaftliche Situation auch nicht annähernd für fünf Jahre im voraus schätzen läßt. Schon bei der kurzfristigen Prognose sind halbwegs realistische Ergebnisse nur dann zu erwarten, wenn keine wesentlichen Änderungen in den Verhaltensweisen der untersuchten Gruppen eintreten.

Trotz dieser Risiken der Prognose erlaubt eine Ausrichtung der Kreditaufnahme an den erwarteten Finanzierungssalden der einzelnen Sektoren am ehesten eine Verschuldung, die Jahr für Jahr in elastischer Weise zu einem finanziellen Gleichgewicht zwischen den einzelnen Sektoren der Volkswirtschaft beiträgt. Gründe für eine stetige, konjunkturunabhängige Staatsverschuldung sind nach diesen Vorstellungen nicht erkennbar. Im Bundesfinanzministerium sieht man neben der Stabilisierungsfunktion keine Rechtfertigung für die Kreditaufnahme. Auch das Argument der Lastverteilung wurde in keinem Gespräch vorgebracht. Stabilitäts- oder wachstumspolitische Grenzen werden so von der staatlichen Kreditaufnahme auch nicht verletzt. Kritik an dem Konzept könnte lediglich auf die Prognoseart oder auf die einzelnen Schritte zur Herleitung der Prognose zielen. Dies würde aber, wie bereits gesagt, nichts an der grundsätzlichen Richtigkeit der Überlegungen zur Kreditaufnahme ändern.

Leider gilt diese Zustimmung aber nur für die theoretischen Vorstellungen. Einige Anzeichen sprechen nämlich dafür, daß die jährliche Kreditaufnahme in der Praxis auf eine andere Art bestimmt wird. „Die Vergangenheit hat gezeigt, daß Kreditaufnahmen nicht im Sinne eines aktiven Debt Management geplant werden, sondern als Residuum in Höhe des Saldos zwischen geplanten Ausgaben und den geschätzten ‚ordentlichen' Einnahmen in den Kreditfinanzierungsplan übernommen werden[44]." Auch für Zabel ergibt sich der Eindruck, daß die Kreditaufnahme lediglich als Residuum gesehen wird[45]. Verschiedene Gespräche mit Vertretern vom Bund, den Ländern und auch den Gemeinden haben diesen Eindruck bestätigt. Krediteinnahmen finanzieren vereinfacht formuliert, die Ausgaben, die auf andere Weise nicht oder nur schwer finanziert werden können.

E. Schlußfolgerungen aus den drei Konzepten

Ausgangspunkt für eine Bestimmung der staatlichen Kreditaufnahme und damit auch für deren Grenzen ist in allen drei Konzepten eine Analyse des volkswirtschaftlichen Kreislaufschemas, insbesondere der Finanzierungsströme. Grenzen können sich demnach für die Staatsverschuldung auch nur aus einer Überbeanspruchung des staatlichen Finanzierungsspielraums ergeben. Dabei steht nach den Vorstellungen des Sachverständigenrates und auch der Deutschen Bundesbank konjunkturunabhängig eine bestimmter Prozentsatz des Bruttosozialproduktes zur Kreditaufnahme des Staates bereit. Demzufolge unterstellen diese beiden Konzepte also jährlich einen Überhang der privaten Ersparnis über die privaten Investitionen. Die theoretischen Vorstellungen im Bundesfinanzministerium gehen zumindest nicht ausdrücklich von einer solchen Konstellation aus. Hier entscheiden die jährlich zu erwartenden Finanzierungsbedingungen über die Höhe der Kreditaufnahme. Damit ist allerdings eine stetige Kreditaufnahme nicht ausgeschlossen. Für den Fall eines tatsächlichen Überhangs der privaten Ersparnis über die privaten Investitionen ergibt sich nämlich auch beim Vorgehen des Bundesfinanzministeriums eine stetige, konjunkturunabhängige Verschuldung. Nach den Vorstellungen des Bundesfinanzministe-

---

44 Hansmeyer, K. H., und Rürup, B.: Staatswirtschaftliche Planungsinstrumente, 2. neuüberarbeitete Auflage, Düsseldorf 1975, S. 35.

45 Vgl. Zabel, G.: Mittelfristige Finanzplanung, in: Das rationale Budget, herausgegeben von Hansmeyer, K. H., Köln 1971, S. 187.

riums wäre eine solche stetige Kreditaufnahme allerdings letztlich mit Stabilisierungserfordernissen zu begründen, und diese Begründung wäre damit wesentlich überzeugender als die Orientierung an einer unbestimmten Gewöhnung oder auch daran, daß es in der Vergangenheit schon immer so war.

Rechtfertigungen der Staatsverschuldung mit Hilfe der Lastverteilungsfunktion oder anderer denkbarer Funktionen spielen offenbar in der wirtschaftspolitischen Praxis keine Rolle. Zumindest werden diese Funktionen von keiner Institution als Argument für die staatliche Kreditaufnahme ins Feld geführt. Dies wäre allerdings auch kein Grund, auf die Kreditaufnahme zur Verteilung von stoßweisen Ausgabenlasten oder zur Überbrückung von Engpässen zu verzichten. Dies wäre ebenfalls kein Grund auf eine stetige Kreditaufnahme zum Zwecke der Lastverteilung zu verzichten, wenn sich dies operationalisieren ließe. Die Kreditaufnahme sollte generell und unabhängig von Äußerungen der verschiedenen Institutionen dann zum Zuge kommen, wenn sie, besonders aufgrund ihrer flexiblen Einsatzmöglichkeiten und ihrer intertemporalen Wirkungen der Steuerfinanzierung überlegen ist.

Viertes Kapitel

Grenzen für den Schuldenstand

A. Vorbemerkungen

Bisher bezogen sich die Überlegungen auf die staatliche Kreditaufnahme und ihre möglichen Grenzen. Im Vordergrund der Betrachtung stand also ausnahmslos die Neuverschuldung. Kreditaufnahmen führen aber, wenn ihnen nicht in entsprechender Höhe Schuldtilgungen gegenüberstehen, zu einem wachsenden Schuldenstand.

Es ist theoretisch denkbar, daß die Finanzierungsströme aufgrund der konjunkturellen Lage innerhalb einer Volkswirtschaft eine Kreditaufnahme als geeignete wirtschaftspolitische Maßnahme erscheinen lassen, daß aber die Höhe des Schuldenstandes und die sich daraus ergebenden Zinsverpflichtungen den Staatshaushalt und damit den Steuerzahler so stark belasten, daß sich aus diesem Grund eine zusätzliche Neuverschuldung verbietet. Sollte dies der Fall sein, so wäre eine finanzwirtschaftliche Grenze erreicht. Es wird auch eine Aufgabe dieses Kapitels sein zu klären, ob derartige finanzwirtschaftliche Grenzen eine originäre Bedeutung haben, oder ob sie lediglich aus gesamtwirtschaftlichen Grenzen abgeleitet werden können.

Um zunächst beurteilen zu können, ob der Schuldenstand an Grenzen gestoßen ist, bedarf es geeigneter Maßstäbe. Die absolute Höhe des Schuldenstandes hat nämlich für sich allein genommen keinerlei Aussagekraft. Ebensowenig ist eine Gegenüberstellung von Staatsvermögen und Staatsschulden als Maßstab geeignet, weil sich insbesondere bei der Bewertung des Staatsvermögens unüberwindbare Hindernisse ergeben. Wenn auch oft der Versuch unternommen wird, diesen Maßstab analog zur Kreditbeurteilung bei privatwirtschaftlichen Unternehmen anzuwenden, so scheidet dieser Ansatz zur Beurteilung des staatlichen Schuldenstandes aus. Er entfällt nicht zuletzt deshalb, weil ein Unternehmen im Zweifel zur Sicherstellung seiner Kreditverpflichtungen Teile seines

Vermögens veräußern kann, während dieser Weg für den Staat nicht, oder nur in den Fällen gangbar ist, in denen sich das Staatsvermögen einer privaten Verwendung zuführen läßt[1].

Eine gewisse Aussagekraft besitzt hingegen das Verhältnis zwischen dem staatlichen Schuldenstand und dem Bruttosozialprodukt. Hiermit läßt sich wenigstens die relative Bedeutung der Staatsverschuldung bezogen auf die Größe und Leistungskraft eines Landes erfassen. Ebenso kann man die Zinsverpflichtungen aus dem Schuldenstand dem Bruttosozialprodukt oder dem Nettosozialprodukt zu Faktorkosten, also dem Volkseinkommen, gegenüberstellen. Hier wird erkennbar, welcher Anteil des Volkseinkommens lediglich der Verzinsung der Staatsschulden dient. Diese Zinsverpflichtungen und die daraus resultierenden Belastungen für den Staatshaushalt und damit für den Steuerzahler lassen sich allerdings vielleicht noch ausdrucksvoller durch die Gegenüberstellung von Zinsendienst und Staatshaushalt darstellen. So wird nämlich deutlich, welcher Teil der Staatseinnahmen zur Erfüllung der Zinsverbindlichkeiten verwendet wird.

Es sei allerdings ausdrücklich vor dem Irrtum gewarnt, allein aus solchen oder ähnlichen Indikatoren, wie etwa einer Pro-Kopf-Verschuldung, ein Urteil über das wünschenswerte Ausmaß der Staatsverschuldung ableiten zu wollen[2]. Höchstens eine Zeitreihe läßt Tendenzen erkennen, ohne aber gleichzeitig ein sicheres Urteil darüber zu ermöglichen, ob, wie auch immer definierte, Grenzen erreicht sind oder nicht. Genauso muß davor gewarnt werden, anhand eines Vergleichs dieser Quoten in verschiedenen Ländern die Qualität und die Quantität der jeweiligen Staatsverschuldung beurteilen zu wollen. Gleiche Quoten können auf vollkommen unterschiedliche Ursachen zurückzuführen sein[3].

---

1 Vgl. Hoppe, H.: Probleme . . ., S. 69.

2 Vgl. zur Aussagekraft solcher Indikatoren Präsidium des Bundes der Steuerzahler e. V.: Wieviel Schulden darf ein Staat machen?, Wiesbaden 1978, S. 6 f.

3 Vgl. auch Wissenschaftlicher Beirat beim Bundesministerium für Wirtschaft und Finanzen: Gutachten zur Aussagefähigkeit staatswirtschaftlicher

Wenn also im folgenden die finanzwirtschaftliche Belastung aus der Staatsverschuldung auch anhand verschiedener Indikatoren wie Schuldenstand/Bruttosozialprodukt oder Zinsendienst/Staatshaushalt betrachtet wird, so muß jeweils im Bewußtsein bleiben, daß es nicht möglich ist, eindeutige Grenzwerte der Staatsverschuldung mit Hilfe solcher Größen zu liefern. Die Quote allein sagt nur wenig aus[4].

B. Modellansatz zur finanzwirtschaftlichen Belastung

1. Das Modell von Domar

Ausgangspunkt für die Überlegungen Domars ist die Annahme, daß die privaten Investitionen unzureichend sind, um die privaten Ersparnisse zu absorbieren[5]. Es besteht also ein Überhang der privaten Ersparnis über die private Investition. Domar unterstellt dabei, daß es nicht möglich ist, einen Ausgleich zwischen diesen beiden Größen zu erreichen, weder über Steuermaßnahmen, noch über eine Senkung der Sparquote. Damit liegt also ein Fall vor, der auch nach den bisherigen Ergebnissen dieser Arbeit eine ständige, konjunkturunabhängige Staatsverschuldung erfordern würde.

Wozu führt nun eine solche stetige Kreditaufnahme? Auf jeden Fall steigt der Schuldenstand jährlich an, es steigt auch der jährliche Zinsendienst. Aber diese absoluten Beträge spielen nach Domar keine Rolle[6]. Entscheidend ist die Relation zwischen diesen Größen und anderen ökonomischen Werten, wie beispielsweise dem Volkseinkommen. Der Begriff der Schuldenlast gewinnt für Domar erst im Zusammenhang mit den Steuersätzen eine Bedeutung, die erforderlich sind, um die Schuldzinsen zu finanzieren. Im Mittelpunkt

---

Quoten, Bulletin Nr. 90, Bonn 1976, S. 861. Hier äußert sich der Beirat grundsätzlich kritisch zu Quoten, und an der angegebenen Stelle besonders zu Neuverschuldungsquoten und Schuldenstandsquoten.

4 Vgl. Krajewski, L.: Schuldendiensthilfen als Finanzierungsinstrument im öffentlichen Haushalt, Schriften zur wirtschaftswissenschaftlichen Forschung, Band 100, Meisenheim am Glan 1975, S. 74 f.

5 Vgl. Domar, E. D.: The „burden of the debt" . . ., S. 789.

6 Vgl. ebenda, S. 799.

seiner Untersuchungen steht deswegen auch die Frage, in welchem Maße die Steuern angehoben werden müssen, um die Zinsen für die Staatsschulden bezahlen zu können.

Seinen Berechnungen liegen im einzelnen folgende Annahmen zugrunde[7]:

1. Es wird ein gegebener, konstanter Zins angenommen.
2. Die durchschnittliche und die marginale Sparquote sind gleich und konstant.
3. Das Preisniveau bleibt unverändert.
4. Die Sparquote beträgt 12 Prozent des Volkseinkommens, wovon jeweils die Hälfte zur Finanzierung privater Investitionen und zur staatlichen Kreditaufnahme zur Verfügung stehen.

Der Staat beansprucht also Jahr für Jahr 6 Prozent des Volkseinkommens zur Kreditaufnahme. Die finanzwirtschaftlichen Konsequenzen aus dieser stetigen Verschuldung untersucht Domar vor allem anhand zweier Indikatoren:

$$(1) \qquad \frac{\text{Schuldenstand}}{\text{Volkseinkommen}}$$

$$(2) \qquad \frac{\text{Zinsendienst} \cdot 100}{\text{Volkseinkommen}} = \text{Zinsbelastungssatz}$$ [8]

Fall 1: Das Volkseinkommen wächst in einer konstanten prozentualen Rate[9].

Dieser Fall hat insofern eine besondere Bedeutung, als ein Wachstum in einer konstanten prozentualen Rate auch den

---

[7] Vgl. Domar, E. D.: The „burden . . ., S. 800 bis 803.

[8] Der Zinsbelastungssatz beschreibt den Steuersatz, der erhoben werden muß, um alleine die Zinsen bezahlen zu können.

[9] Dies ist bei Domar Fall 3. Die Fälle 1 und 2 spielen aber wirtschaftspolitisch mit den Annahmen eines konstanten oder in gleichen absoluten Beträgen wachsenden Volkseinkommens nur eine untergeordnete Rolle, so daß auf die Darstellung ohne Verlust für die Gesamtaussage verzichtet werden kann.

mittelfristigen wirtschaftspolitischen Zielvorstellungen in der Bundesrepublik Deutschland zu entsprechen scheint.

Analog zu den Annahmen Domars, seien eine Kreditquote (k) in Höhe von 6 Prozent des jeweiligen Volkseinkommens, ein Realzinssatz (z) von 2 Prozent und eine reale Wachstumsrate des Volkseinkommens (w) von 2 Prozent beziehungsweise von 3 Prozent unterstellt.

Ein ständig mit der Rate (w) steigendes Volkseinkommen bewirkt eine ebenfalls mit der Rate (w) steigende staatliche Kreditaufnahme, wenn der Staat immer 6 Prozent des aktuellen Volkseinkommens an Krediten aufnimmt. Die Kreditquote bleibt also unverändert, aber die absolute Kreditaufnahme steigt Jahr für Jahr entsprechend der Wachstumsrate des Volkseinkommens. Es läßt sich mathematisch zeigen, daß der Schuldenstand, der sich aus der Summe der einzelnen jährlichen Kreditaufnahmen ergibt, ebenfalls in der Rate (w) wächst, wenn jedes Jahr die Kreditaufnahme um die Rate (w) höher ist als die des Vorjahres. Die Wachstumsrate einer Summe nähert sich mit der Zeit der Wachstumsrate ihrer einzelnen Glieder an. Das Verhältnis von Schuldenstand und Volkseinkommen nähert sich aus diesem Grund auch einem bestimmten Wert, weil nach einer gewissen Zeit beide Größen in der Rate (w) wachsen, was gleichbedeutend mit einer konstanten Quote ist. Es läßt sich bei den gemachten Annahmen zeigen, daß sich diese Quote von Schuldenstand und Volkseinkommen schließlich folgendem Wert annähert:

$$\frac{k}{w} = \frac{\text{Kreditquote}}{\text{Wachstumsrate}}$$ [10]

Wenn aber der Anteil des Schuldenstandes am Volkseinkommen einem bestimmten Grenzwert entgegenstrebt, so muß sich auch der Anteil der Schuldzinsen am Volkseinkommen einem bestimmten Wert annähern. Dieser Grenzwert ergibt sich durch die nachstehende Beziehung:

---

[10] Vgl. Domar, E. D.: The „burden . . ., S. 824 f. Vgl. auch Tabelle 2 dieser Arbeit, S. 69.

$$\text{Grenzwert des Zinsbelastungssatzes}^{11} = \frac{z}{\frac{w}{k} + z}$$

In einem späteren Aufsatz[12] gibt Domar diese Beziehung nur noch in vereinfachter Form, und zwar auf folgende Weise wieder:

$$\text{Grenzwert des Zinsbelastungssatzes} = \frac{k \cdot z}{w}$$

Diese Beziehung ergibt sich unmittelbar aus dem Grenzwert des Anteils der Schulden am Volkseinkommen durch dessen Multiplikation mit dem Zinssatz. Da die Abweichungen zwischen diesen beiden Beziehungen relativ gering sind[13], wird im folgenden stets auf die einfachere Beziehung zurückgegriffen.

Die Werte der Tabelle 2 sowie die anhand der Formeln angestellten Überlegungen werden anschaulich durch die nachfolgende Tabelle illustriert. Ausgehend von einem Schuldenstand in Höhe von 300 Milliarden Dollar entwickeln sich der Anteil des Schuldenstandes am Volkseinkommen und der Zinsbelastungssatz folgendermaßen[14] (s. Tabelle 3, S. 120).

Bei einer unterstellten Wachstumsrate von 3 Prozent bewegt sich also das Verhältnis von Schuldenstand zu Volkseinkommen auf einen Wert von 2 zu, während bei einem Wachstum von 2 Prozent letztlich ein Wert von 3 erreicht wird. Damit treten die Ergebnisse ein, die entsprechend der Beziehung $\frac{k}{w}$ zu erwarten waren.

---

[11] Vgl. Domar, E. D.: The „burden . . ., S. 812.

[12] Vgl. Domar, E. D.: Public debt and national income, in: Public finance and full employment, postwar economic studies, no. 3, Washington D. C. 1945, S. 57.

[13] Für k = 6 Prozent, z = 2 Prozent und w = 2 Prozent ergibt sich bei genauer Rechnung ein Zinsbelastungssatz von 5,7 Prozent, während bei grober Rechnung ein Steuersatz von 6 Prozent herauskommt.

[14] Vgl. Domar, E. D.: Public debt . . ., S. 59.

Tabelle 3

Kredit und Zinsen im Domar-Modell

Volkseinkommen		Schuldenstand Zinsbelastungssatz in %		Jahr
	w = 3 %	w = 2 %	w = 3 %	w = 2 %
0	2,14	2,14	4,28	4,28
1	2,14	2,16	4,28	4,32
2	2,13	2,18	4,26	4,36
3	2,13	2,19	4,26	4,38
4	2,13	2,21	4,26	4,42
5	2,12	2,22	4,24	4,44
10	2,11	2,30	4,22	4,60
15	2,09	2,36	4,18	4,72
20	2,08	2,42	4,16	4,84
25	2,07	2,48	4,14	4,96
30	2,06	2,53	4,12	5,06
35	2,05	2,57	4,10	5,14
40	2,04	2,61	4,08	5,22
45	2,04	2,65	4,08	5,30
50	2,03	2,68	4,06	5,36

Ebenfalls entsprechend der Formel für den Zinsbelastungssatz nähert sich dieser bei einem Wachstum von 3 Prozent einem Wert von 4 Prozent und bei einem Wachstum von 2 Prozent einem Wert von 6 Prozent an.

Welche Schlußfolgerungen ergeben sich für Domar aus diesen Ergebnissen? Seiner Meinung nach läßt sich damit zeigen, je stärker das Volkseinkommen wächst, desto niedriger ist der notwendige Zinsbelastungssatz, obwohl das stärker steigende Einkommen auch einen absolut höheren Schuldenstand bedeutet[15]. Der relative Anteil von Schulden und Zinsendienst am Volkseinkommen erreicht also nicht unermeßliche Größenordnungen. Sogar für den Fall, daß der Staat die gesamte Ersparnis durch Kreditaufnahme absorbieren muß, die Kreditquote in dem Modell also 12 Prozent des Volkseinkommens beträgt, erreicht der Zinsbelastungssatz bei einem Wachstum von 2 Prozent maximal 10,7 Prozent und bei einem Wachstum von 3 Prozent maximal 7,4 Prozent[16].

[15] Vgl. Domar, E. D.: The „burden . . ., S. 806.

[16] Vgl. ebenda, S. 811.

Fall 2: Das Kriegsmodell.

Mit einem sogenannten Kriegsmodell versucht Domar in einem weiteren Schritt noch deutlicher zu machen, daß eine ständige Staatsverschuldung keineswegs zu einem Staatshaushalt führen muß, der nur noch der Bezahlung der Zinsen dient. Für diejenigen, die eine Kreditquote von 6 Prozent für unrealistisch niedrig halten, unterstellt er abwechselnde Perioden mit Krieg und Frieden. Die Friedenszeit dauert nach seinen Annahmen jeweils 25 Jahre und die Kriegszeit jeweils 5 Jahre. Während der Friedensperiode behält der Staat seine Kreditquote in Höhe von 6 Prozent bei, aber in Kriegsperioden beansprucht er mit seiner Kreditaufnahme 50 Prozent des jeweiligen mit 2 Prozent wachsenden Volkseinkommens[17]. Unter diesen extremen Bedingungen bewegt sich der Zinsbelastungssatz zwischen 13,25 Prozent im Maximum und 10,42 im Minimum. Die Entwicklung im einzelnen zeigt die Figur 2[18].

Aus den Kreditquoten in den Kriegs- und Friedenszeiten läßt sich nun durch eine Gewichtung der unterschiedlichen Kreditquoten mit der Anzahl der entsprechenden Jahre eine durchschnittliche Kreditquote ermitteln[19]. Setzt man diese durchschnittliche Kreditquote in die Formel zur Berechnung des Zinsbelastungssatzes ein, so ergibt sich ein Wert von 11,76 Prozent. Die Möglichkeit, einen solchen Durchschnittssatz zu berechnen, erlaubt nun auch innerhalb des Modells schwankende Kreditquoten zu berücksichtigen, und damit lassen sich auch reale, also praktisch bedeutsame Situationen

---

17 Vgl. Domar, E. D.: The „burden . . ., S. 812.

18 Vgl. ebenda, S. 813.

19 Bezeichnet man die Kreditquote in Kriegszeiten mit (kk), so ergibt sich folgende Beziehung zur Ermittlung der durchschnittlichen Kreditquote, wobei F die Friedensjahre und K die Kriegsjahre symbolisieren:

$$\frac{k \cdot F + kk \cdot K}{F + K} = \text{durchschnittliche Kreditquote}$$

Im Beispiel gilt also:

$$\frac{0{,}06 \cdot 25 + 0{,}50 \cdot 5}{25 + 5} = 13{,}33\ \%$$

Vgl. dazu Domar, E. D.: The „burden . . ., S. 814.

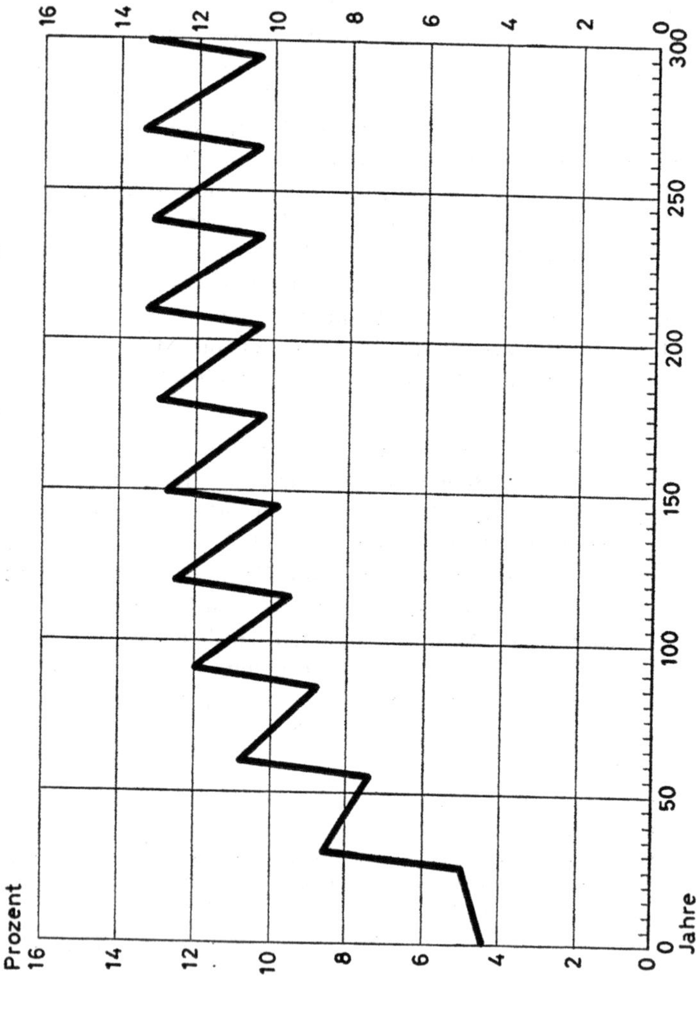

Figur 2: Entwicklung der Zinsbelastungssätze im Kriegsmodell

erfassen. So ist es auch nicht mehr nötig, ausgerechnet Kriegs- und Friedenszeiten gegenüberzustellen, sondern es lassen sich nun auch etwa verschiedene Konjunkturphasen im Rahmen des Modells erfassen.

Zusammenfassend kommt Domar zu dem Ergebnis, daß das Problem der Schuldenlast in finanzwirtschaftlicher Sicht mehr ein Problem des wachsenden Volkseinkommens ist[20]. In dem Maße, in dem es gelingt, das Wachstum zu beschleunigen, verliert eine bestehende Staatsschuld relativ an Gewicht. Nur ohne Wachstum oder ohne ausreichendes Wachstum führt die Zinsbelastung aus dem Schuldenstand zu Größenordnungen, die nur unter Vernachlässigung sonstiger Staatsaufgaben verkraftet werden können.

2. Die Staatsverschuldung in der Bundesrepublik Deutschland und das Domar-Modell

Die Daten der ökonomischen Entwicklung erfordern für die Bundesrepublik, zumindest wenn man sich an der Vergangenheit orientiert, gewisse Modifikationen der Annahmen im Domar-Modell. So erreichte die Kreditquote in der Bundesrepublik bisher nur im Jahre 1975 mit 6,16 Prozent des Bruttosozialproduktes den Wert, der im Domar-Modell durchschnittlich angesetzt ist[21]. Eine Kreditquote in Höhe von 6 Prozent ist aber auch für die Zukunft nur unter sehr pessimistischen Annahmen zu erwarten. Auch wenn, gleich aus welchen Gründen, von einer mittelfristigen Normalverschuldung ausgegan-

---

20 Vgl. Domar, E. D.: Public debt . . ., S. 57.

21 Setzt man die jährliche Zunahme des Schuldenstandes der öffentlichen Haushalte (ohne Sozialversicherung) ins Verhältnis zum entsprechenden Bruttosozialprodukt, so ergeben sich anhand der statistischen Daten für die Vergangenheit folgende Kreditquoten:
1962: 0,95 Prozent; 1963: 1,75 Prozent; 1964: 1,53 Prozent; 1965: 2,15 Prozent; 1966: 1,91 Prozent; 1967: 3,01 Prozent; 1968: 1,62 Prozent; 1969: 0,05 Prozent; 1970: 1,44 Prozent; 1971: 1,92 Prozent; 1972: 1,89 Prozent; 1973: 0,79 Prozent; 1974: 2,43 Prozent; 1975: 6,16 Prozent; 1976: 3,58 Prozent; 1977: 2,65 Prozent. Im Durchschnitt ergibt dies einen Wert von 2,11 Prozent.

Vgl. zu den entsprechenden Werten von Neuverschuldung und Bruttosozialprodukt Jahresgutachten des Sachverständigenrates 1978/79, S. 240 und S. 265.

gen wird, läßt sich kaum eine derart hohe Kreditquote im Durchschnitt vorstellen. Insoweit wäre also die relative finanzwirtschaftliche Belastung aus der Staatsverschuldung in der Bundesrepublik niedriger einzuschätzen, als dies den Annahmen im Domar-Modell entspricht. Darüber hinaus liegt eine mittelfristige reale Wachstumsvorstellung in Höhe von 2 beziehungsweise 3 Prozent unterhalb der wirtschaftspolitischen Erwartungen. Dies sagt zwar noch nichts über das tatsächliche Wachstum aus, aber ein Wachstum von 3 Prozent sollte auch bei vorsichtiger Einschätzung in der Zukunft möglich sein. Ein höheres Wachstum würde für sich genommen ebenfalls zu einer geringeren relativen Belastung aus dem Zinsendienst für die Staatsschulden führen. Hingegen scheint der Realzins, der dem Domar-Modell zugrundeliegt, unterhalb der tatsächlichen Gegebenheiten für die Verhältnisse in der Bundesrepublik zu liegen. Es erscheint nicht unrealistisch, von einem Realzins zwischen 3 und 4 Prozent auszugehen. Eine Orientierung an den realen Größen verzerrt aber unter Umständen die Vorstellung von der tatsächlichen Belastung, weil die Realität im Gegensatz zu den Annahmen bei Domar nicht frei von Preissteigerungen ist und auch nur bedingt angenommen werden kann, daß Preissteigerungen die nominale Wachstumsrate in gleichem Maße beeinflussen wie den nominalen Zins. Dies wäre nur bei vollkommener Freiheit von Geldillusion zu erwarten. Aus diesem Grunde empfiehlt es sich auch, die Berechnung der finanzwirtschaftlichen Belastung an nominalen Größen zu orientieren.

Der Sachverständigenrat hat im Jahre 1975 versucht, die Grundgedanken des Domar-Ansatzes auf die Bedingungen der Bundesrepublik zu übertragen, und stellte dabei folgende Berechnungen an[22]: Bei einem Anteil des Kredits von 1,5 Prozent am Produktionspotential, einem nominellen Wachstum des Produktionspotentials mit 7,5 Prozent und einem Nominalzinssatz von 6 Prozent ergibt sich nach der Beziehung $\frac{k}{w} \cdot z$ ein Zinsbelastungssatz von 1,2 Prozent bezogen auf das Produktionspotential. Dieser Wert bedeutet bei einer unterstellten

[22] Vgl. Jahresgutachten 1975, Ziffer 233.

Staatsquote von 30 Prozent einen Anteil am Staatshaushalt von maximal 4 Prozent. Für den Fall einer Kreditquote von 2 Prozent entsteht in der Rechnung des Sachverständigenrats eine Belastung des Staatshaushalts in Höhe von 5,3 Prozent beziehungsweise von 1,6 Prozent des Produktionspotentials. Von einer „erheblichen" Belastung oder gar von einer finanzwirtschaftlichen Grenze kann also zumindest allein anhand dieser Werte nicht gesprochen werden. Ganz generell läßt sich eine finanzwirtschaftliche Grenze auch erst im Zusammenhang mit dem Steuersystem und dem Aufgabenumfang des Staates bestimmen[23].

Ähnliche Belastungen, wie sie sich bei einer unterstellten Kreditquote von 2 Prozent ergeben, wären für die Bundesrepublik dann zu erwarten, wenn sich die Kreditaufnahme weiter in der gleichen Weise vollziehen würde wie in der Vergangenheit. Tatsächlich entscheidend für die zukünftige durchschnittliche Kreditquote dürfte allerdings die konjunkturelle Entwicklung sein, und es ist keineswegs sicher, daß diese nach dem gleichen Muster wie in den vergangenen Jahren verläuft. Da sich die Konjunkturentwicklung aber schon gar nicht im Detail voraussagen läßt, muß es an dieser Stelle genügen, anhand verschiedener Alternativen mögliche Entwicklungstendenzen aufzuzeigen.

Fall I:

Die Konjunktur verläuft in gleichmäßigen Schwingungen um einen gedachten Gleichgewichtspfad bei Normalauslastung[24]. Den Perioden der Unterauslastung stehen nach Dauer und Intensität entsprechende Perioden der Überauslastung gegenüber. In Phasen der Unterauslastung ist der Staat aus Stabilisierungsgründen verpflichtet, seine konjunkturbedingten Mindereinnahmen durch Kreditaufnahme auszugleichen. Darüber hinaus muß er aber noch zusätzliche Kredite aufnehmen, um die verminderte Aktivität der Privaten zu kompensieren. In Phasen der Überauslastung fallen dem Staat konjunkturbedingte Mehreinnahmen zu, die beim

---

23 Siehe dazu die Punkte C und D in diesem Kapitel, S. 137 ff.

24 Dann sind 97,25 Prozent der Kapazitäten ausgelastet.

unterstellten Konjunkturverlauf ausreichen müßten, um die Kreditaufnahme aus der Rezession zu tilgen, soweit sie ihre Ursache in Mindereinnahmen hatte[25]. Die Kredite aber, die der Staat zur Kompensation des privaten Nachfrageausfalls aufgenommen hatte, werden auch in der Hochkonjunktur nicht getilgt, weil der Staat sonst in diesem Umfang auf die Erfüllung anderer Staatsaufgaben verzichten müßte[26]. Diese Kredite bleiben also auf Dauer bestehen und belasten damit auch auf Dauer den Staatshaushalt. Nur dieser Teil der Kreditaufnahme ist demnach auch für die mittelfristig bedeutsame finanzwirtschaftliche Belastung interessant. Es wäre nun müßig, darüber zu spekulieren, welche quantitativen Ausmaße dieser Belastung zuzumessen sind. Tendenziell erscheint es aber nicht als leichtfertig, davon auszugehen, daß die Quote dieser auf Dauer angelegten Kreditaufnahme unterhalb der Werte liegt, die etwa der Sachverständigenrat in seiner Modellrechnung angenommen hat, also unterhalb von 1,4 Prozent des Produktionspotentials. Finanzwirtschaftliche Grenzen sind also bei einem derartigen Konjunkturverlauf so gut wie nicht zu erwarten.

Fall II:

Die Konjunktur verläuft in ungleichmäßigen Schwingungen um einen Pfad der Normalauslastung, wobei die rezessiven Phasen nach Dauer und/oder Intensität die Perioden des Aufschwungs übertreffen. Bei einem derartigen Konjunkturverlauf kommt es bereits nicht mehr zu einem Ausgleich der konjunkturellen Mehr- beziehungsweise Mindereinnahmen. Die Mehreinnahmen reichen mittelfristig zur Kompensation der Mindereinnahmen nicht aus, allein dadurch entsteht also

---

[25] Voraussetzung dazu ist allerdings, daß die Politiker keine neuen Staatsausgaben beschließen.

[26] Die Frage, ob die Wirkungen der Schuldentilgung konjunkturpolitisch zu begrüßen sind, kann vernachlässigt werden, solange unterstellt wird, daß die Bundesbank eine stabilitätskonforme Geldpolitik betreibt. Die Liquiditätswirkungen der Schuldentilgung sind dann den Verantwortlichen der Geldpolitik zuzuschreiben und nicht der Finanzpolitik. Vgl. u. a. zu den Fragen der Schuldentilgung Andel, N.: Probleme der Staatsschuldentilgung, Finanzwissenschaftliche Forschungsarbeiten, hrsg. von Schmölders, G., N. F., H. 30, Berlin 1964.

auf Dauer eine Kreditbelastung. Zusätzlich verbleibt aber auch die Belastung aus den Krediten, die in der Rezession zur Wiederbelebung der privaten Wirtschaft aufgenommen werden. Der hier mittelfristig erforderliche Zinsbelastungssatz hängt entscheidend von der unterschiedlichen Intensität und Dauer der Konjunkturschwankungen ab. Tendenziell entsteht aber eine erheblich stärkere Belastung als im Fall sich ausgleichender Schwankungen. Auch in diesem Fall wäre es aber reine Spekulation, die Belastung quantitativ bestimmen zu wollen. Es muß allerdings damit gerechnet werden, daß die Belastung im Durchschnitt über den Werten liegen kann, die in der Vergangenheit das Bild in der Bundesrepublik geprägt haben.

Fall III:

Finanzwirtschaftlich unbedenklich ist die Situation, wenn die Schwankungen entgegengesetzt zu Fall II verlaufen. Hier übersteigen die konjunkturbedingten Mehreinnahmen die entsprechenden Mindereinnahmen. Zumindest ein Teil der Kredite, die in der Rezession den privaten Nachfrageausfall ersetzen sollen, kann also jeweils in der Periode der Überauslastung getilgt werden[27]. Die Dauerbelastung liegt also in jedem Fall niedriger als unter den Annahmen des Falles I.

Fall IV:

Die Stabilisierungsaufgabe des Staates ist nicht nur auf Rezessionsphasen beschränkt, sondern sie stellt sich auf Dauer. Analog der Theorie des kompensatorischen Budgets kommt es aufgrund einer privaten Investitionsschwäche Jahr für Jahr zu Aufschwungtendenzen, wenn der Staat nicht an die Stelle der privaten Nachfrage tritt und so zu einem Ausgleich auf den Güter-, Geld- und Arbeitsmärkten beiträgt. Dies ist finanzwirtschaftlich der bedeutsamste Fall, was ja auch ein Grund dafür war, daß Domar ihn seinen Überlegungen zur finanzwirtschaftlichen Belastung zugrundegelegt hat. Unter den gemachten Annahmen muß der Staat nämlich allein aus Stabilisierungsgründen Kredite aufnehmen und damit

[27] Vgl. Schmidt, K.: Öffentliche Neuverschuldung . . ., S. 53.

steigen Schuldenstand und Zinsendienst wesentlich schneller an, als in den bisher unterstellten Fällen.

Wird dieser chronische Überhang der privaten Ersparnis über die private Investition nun noch von zyklischen Schwankungen begleitet, so entsteht zusätzlich noch eine Belastung aus den Krediten, die über die Kompensation des staatlichen Einnahmeausfalls hinausgehen. Letztlich ist dies, wenn auch aus anderen Gründen, eine Situation, wie sie offenbar den Vorstellungen des Sachverständigenrates entspricht. Dort kommt es neben der Normalverschuldung auch zur konjunkturell bedingten Kreditaufnahme, so daß sich im Durchschnitt eine höhere Kreditquote ergibt, als es nach der mittelfristigen Normalverschuldung zu erwarten ist[28]. Nach den bisherigen Erfahrungen erscheint es aber, abgesehen von Katastrophenfällen wie etwa einem Krieg, unwahrscheinlich, daß eine Kreditquote in Höhe von 6 Prozent, wie Domar sie unterstellt hat, im Durchschnitt erreicht oder gar überschritten werden könnte, so daß also bei einem Wachstum von 3 Prozent als Obergrenze ein Zinsbelastungssatz von 4 Prozent zu unterstellen wäre.

C. Kreditaufnahme und zusätzlicher Ausgabenspielraum

1. Schafft die Kreditaufnahme auf Dauer zusätzlichen Ausgabenspielraum?

Unabhängig von der Frage, ob sich die Kreditaufnahme allein mit der Einnahmebeschaffung wissenschaftlich befriedigend begründen läßt[29], werden auch bei der fiskalischen Funktion des öffentlichen Kredits Grenzen erreicht.

Nach Ansicht des Verfassers bringt die Kreditaufnahme nämlich nur einen zusätzlichen Handlungsspielraum, solange die Neuverschuldung die jährlichen Zinsverpflichtungen aus der Gesamtverschuldung übersteigt. Nur in dieser Zeit kann der Staat in jeder Periode mehr ausgeben, als in einem Fall, in dem er nie zur Kreditaufnahme greift. Eine finanzwirt-

---

[28] Vgl. Barth, H. J.: Potentialorientierte . . ., S. 45.

[29] Vgl. S. 29 dieser Arbeit.

schaftliche Grenze ist deswegen auch erreicht, wenn die Zinsverpflichtungen und die Neuverschuldung übereinstimmen.

Einen anderen Standpunkt vertritt beispielsweise Gandenberger, der es für unzulässig hält, die Zinsverpflichtungen aus der Vergangenheit gegen die Kreditaufnahme in der Gegenwart aufzurechnen. Die Zinsverpflichtungen aus der Vergangenheit sind zu Beginn einer jeden Periode ein unabänderliches Datum und unabhängig von der Neuverschuldung zu betrachten. Die Entscheidung über eine Kreditaufnahme vergrößert hingegen in jeder Periode den Ausgabespielraum gegenüber der Situation ohne Kreditaufnahme.

Wenn diese Kreditaufnahme aber nicht Periode für Periode, sondern insgesamt für alle Perioden betrachtet wird, so ist es nach der Sicht des Verfassers dennoch berechtigt, die Zinsen und die Neuverschuldung einander gegenüberzustellen. So muß bei der grundsätzlichen Entscheidung für eine stetige Neuverschuldung berücksichtigt werden, daß im Laufe der Zeit die Neuverschuldung in zunehmendem Maße von Zinsverpflichtungen beansprucht wird. Der Nettoeffekt der Verschuldung wird also von Periode zu Periode geringer. Die unterschiedlichen Auffassungen zu diesem Punkt entsprechen im übrigen weitgehend der unterschiedlichen Einschätzung der Kreditaufnahme aus Gründen der Lastverteilung[30].

Bei der Betrachtung dieser umstrittenen finanzwirtschaftlichen Grenze ist allerdings eine Unterscheidung nach einer abgeleiteten und einer originären Grenze sinnvoll.

Die abgeleitete finanzwirtschaftliche Grenze ist dann erreicht, wenn die Kreditquote, die nach gesamtwirtschaftlichen Überlegungen vertretbar erscheint, nur noch zur Bezahlung der Zinsen ausreicht. Diese auf ökonomischen Überlegungen aufbauende finanzwirtschaftliche Grenze läßt sich nun aber durch eine Erhöhung der Kreditquote umgehen. Es dauert dann wieder einige Zeit bis die Zinsen die Höhe der neuen Kreditquote erreicht haben. Dieser Prozeß läßt sich schließlich so lange fortsetzen, bis die Kreditaufnahme des Staates die gesamten volkswirtschaftlichen Finanzmittel, die in einer

[30] Vgl. S. 67 ff. dieser Arbeit.

Periode aufkommen, umfaßt. In diesem Stadium ist dann eine originäre finanzwirtschaftliche Grenze erreicht. Diese Grenze ist eben nicht aus anderen Überlegungen abgeleitet, sondern sie macht deutlich, daß keinerlei sonstige Mittel zur Finanzierung über Kredit zur Verfügung stehen.

Es bedarf wohl keiner näheren Erläuterung, daß dieser Weg und diese Ausdehnung der Einnahmebeschaffung über Kredite ausgeschlossen sind. Der Gedankengang macht aber vielleicht deutlich, daß eine finanzwirtschaftliche Grenze originärer Art nur anhand von Extremlösungen konstruierbar ist. Allein aus finanzwirtschaftlicher Sicht ist eine ständige Erhöhung der Kreditquote nämlich zunächst nicht abzulehnen. Hier spielen vielmehr gesamtwirtschaftliche, ökonomische Überlegungen eine Rolle. Die Höhe der vertretbaren Kreditaufnahme sollte sich an den Finanzierungsbedingungen und nicht an finanzwirtschaftlichen Überlegungen orientieren.

Zur Bestimmung einer aus ökonomischen Überlegungen abgeleiteten finanzwirtschaftlichen Grenze ist also offensichtlich das Verhältnis von Kreditquote und Zinsbelastungssatz entscheidend.

Andere Kriterien, wie etwa die Zinsbelastung pro Kopf der Bevölkerung oder ein bestimmter Prozentsatz an den gesamten Staatseinnahmen eignen sich kaum zur Bestimmung einer finanzwirtschaftlichen Grenze. Nur mit einer gewissen Willkür lassen sich aus derartigen Kennziffern Grenzen ableiten.

Ohne Willkür läßt sich hingegen sagen, daß aus rein fiskalischer Sicht die Kreditaufnahme ihren Zweck dann nicht mehr erfüllt, wenn sie nur noch zur Finanzierung der durch sie selbst verursachten Zinszahlungen ausreicht. Wenn in einem Budget die Krediteinnahmen genau den Zinsen auf den Schuldenstand entsprechen, dann verbleibt ein gleich hoher Ausgabenspielraum wie in einem Budget, das ohne Krediteinnahmen und Zinszahlungen aufgestellt ist.

Zur näheren Betrachtung der finanzwirtschaftlichen Grenze sei wiederum auf die Überlegungen von Domar zurückgegriffen. Danach ergibt sich der Zinsbelastungssatz, also der

Steuersatz, der zur alleinigen Bestreitung der Zinsen notwendig wird, aus folgender Beziehung:

$$\text{Zinsbelastungssatz} = \frac{\text{Kreditquote} \cdot \text{Zinssatz}}{\text{Wachstumsrate}}$$

beziehungsweise

$$\text{Zinsbelastungssatz} \cdot \text{Wachstumsrate} = \text{Kreditquote} \cdot \text{Zinssatz}$$

Aus diesen Beziehungen lassen sich verschiedene Schlußfolgerungen ziehen:

1. Der Zinsbelastungssatz nähert sich im Laufe einiger Jahrzehnte der Kreditquote an, wenn sich Wachstumsrate und Zinssatz entsprechen. Auf Dauer entsteht aber bei dieser Konstellation kein zusätzlicher Handlungsspielraum. Zusätzliche Ausgaben kann der Staat mit den Krediten nur so lange finanzieren, bis die Zinsverpflichtungen die Höhe der jährlichen Kreditaufnahme erreicht haben. Unterstellt man beispielsweise eine Kreditquote (k) mit 2 Prozent, einen Zinssatz (z) mit 6 Prozent und auch eine Wachstumsrate (w) mit 6 Prozent, so ergibt sich schließlich folgender Zinsbelastungssatz (ZS):

$$ZS = \frac{0{,}02 \cdot 0{,}06}{0{,}06} = 0{,}02$$

2. Der Zinsbelastungssatz wird größer als die Kreditquote, wenn der Zinssatz größer als die Wachstumsrate ist. In diesem Fall reicht die jährliche Kreditaufnahme auf Dauer nicht mehr zur Finanzierung der Zinsen aus. Es muß deswegen noch zusätzlich auf andere Einnahmen zurückgegriffen werden. Der Handlungsspielraum des Staates wird also am Ende geringer sein, als er es vor der ersten Kreditaufnahme war[31]. Unterstellt man einen Zinssatz von 8 Prozent und ansonsten die gleichen Daten wie oben, so entsteht mit der Zeit folgender Zinsbelastungssatz:

$$ZS = \frac{0{,}02 \cdot 0{,}08}{0{,}06} = 0{,}0267$$

[31] Dabei sind sonstige Wirkungen der kreditfinanzierten Ausgaben unberücksichtigt.

3. Der Zinsbelastungssatz bleibt auch auf Dauer unterhalb der Kreditquote, wenn die Wachstumsrate den Zinssatz übertrifft. Nur bei dieser Größenrelation verschafft die Kreditaufnahme dem Staat dauerhaft zusätzliche Einnahmen, nur in diesem Fall läßt sich der Ausgabespielraum dauerhaft erhöhen. Bei einer Wachstumsrate von 8 Prozent und einem Zinssatz von 6 Prozent wird ein Steuersatz in folgender Höhe nötig, um die Zinsen bezahlen zu können:

$$ZS = \frac{0{,}02 \cdot 0{,}06}{0{,}08} = 0{,}015$$

Da die Kreditquote 2 Prozent beträgt, kann der Staat also seine Ausgaben, gemessen am Volkseinkommen, um ein halbes Prozent gegenüber der reinen Steuerfinanzierung erhöhen.

Diese Ergebnisse werden auch durch die Zahlen in Tabelle 4 verdeutlicht. Gleichgültig welche Kreditquote zugrunde liegt, der Zinsbelastungssatz ist jeweils niedriger, solange der Zinssatz die Wachstumsrate unterschreitet. Der Zinsbelastungssatz ist größer als die Kreditquote, solange der Zinssatz die Wachstumsrate übertrifft. Zinsbelastungssatz und Kreditquote entsprechen sich bei identischen Werten von Wachstumsrate und Zinssatz. In allen Fällen entsteht aber zumindest vorübergehend zusätzlicher Ausgabespielraum, weil es einer ganzen Reihe von Jahren bedarf, bis die Zinsbelastung aus dem anwachsenden Schuldenstand die Höhe der Kreditaufnahme erreicht beziehungsweise überschreitet.

Über die tatsächliche Entwicklung von Zinssatz und Wachstumsrate sind allerdings nur Vermutungen möglich. In der Literatur lassen sich die verschiedensten Stellungnahmen darüber finden. So ist für Gandenberger die Übereinstimmung von Zinssatz und Wachstumsrate eine nicht unrealistische Parameterkonstellation, wobei er allerdings von den realen Größen ausgeht[32]. Danach würde also langfristig die Kreditquote dem Zinsbelastungssatz entsprechen.

[32] Vgl. Gandenberger, O.: Öffentliche Verschuldung, S. 499.

Tabelle 4

Zinsbelastungssätze unter alternativen Annahmen

(in Prozent)

w:	4 %	5 %	6 %	7 %	8 %	9 %
z			k = 0,5 %			
6 %	0,75	0,6	0,5	0,43	0,38	0,33
7 %	0,88	0,7	0,58	0,5	0,44	0,38
8 %	1,0	0,8	0,67	0,57	0,5	0,44
9 %	1,12	0,9	0,75	0,64	0,56	0,5
			k = 1,5 %			
6 %	2,25	1,8	1,5	1,29	1,13	1
7 %	2,63	2,1	1,75	1,5	1,31	1,17
8 %	3	2,4	2	1,71	1,5	1,33
9 %	3,38	2,7	2,25	1,93	1,69	1,5
			k = 2 %			
6 %	3	2,4	2	1,71	1,5	1,33
7 %	3,5	2,8	2,33	2	1,75	1,56
8 %	4	3,2	2,67	2,29	2	1,78
9 %	4,5	4,6	3	2,57	2,25	2
			k = 4 %			
6 %	6	4,8	4	3,43	3	2,67
7 %	7	5,6	4,67	4	3,5	3,11
8 %	8	6,4	5,33	4,57	4	3,56
9 %	9	7,2	6	5,14	4,5	4
			k = 6 %			
6 %	9	7,2	6	5,14	4,5	4
7 %	10,5	8,4	7	6	5,25	4,67
8 %	12	9,6	8	6,86	6	5,33
9 %	13,5	10,8	9	7,71	7,75	6

Die Werte sind jeweils auf zwei Stellen gerundet. Der Zinssatz und die Wachstumsrate sind nominell zu verstehen. Die Berechnung erfolgt anhand der Beziehung:

$$\text{Zinsbelastungssatz} = \frac{\text{Kreditquote} \cdot \text{Zinssatz}}{\text{Wachstumsrate}}$$

Görgens[33] unterstellt in einer Modellrechnung einen Zins von 6 Prozent und eine Wachstumsrate von 4 Prozent. Aufgrund der Annahme eines höheren Zinssatzes, die er allerdings mit keinem Wort begründet, kommt er dann nahezu zwangsläufig zu dem Ergebnis, daß die Kreditaufnahme in zunehmendem Maße durch den Zinsendienst belastet wird und schließlich noch nicht einmal mehr zur Bedienung der Zinsen ausreicht.

Der Sachverständigenrat[34] und im Anschluß an ihn Barth[35] unterstellen hingegen eine Wachstumsrate, die den Zinssatz übertrifft. Diese Annahme wird zumindest für die Bundesrepublik Deutschland durch die Verhältnisse in der Vergangenheit bestätigt[36]. Danach ermöglicht die Kreditaufnahme auch langfristig einen erweiterten Handlungsspielraum. Der Verfasser sieht sich jedoch nicht in der Lage, auch nur halbwegs plausible Anhaltspunkte dafür zu liefern, in welcher Weise und vor allem in welchem Verhältnis zueinander sich Wachstumsrate und Zinssatz in der Zukunft entwickeln werden. Es bleibt lediglich festzuhalten, daß nur im günstigsten Fall, also wenn die Wachstumsrate höher als der Zinssatz ist, die Kreditaufnahme dauerhaft zusätzliche Ausgaben ermöglicht. Aber auch dann bleibt jeweils nur ein Bruchteil der jährlichen Kreditaufnahme zur Finanzierung anderer als der Zinsausgaben übrig. Wegen der steigenden Zinslasten, die sich allerdings einem Grenzwert nähern, ist also der dauerhafte Nettoertrag aus der Kreditfinanzierung vergleichsweise gering[37].

---

[33] Vgl. Görgens, H.: Sollen die Investitionen . . ., S. 23 ff.

[34] Vgl. Sachverständigenrat: Jahresgutachten 1975, Ziffer 233.

[35] Vgl. Barth, H. J.: Potentialorientierte Verschuldung, S. 41 ff.

[36] Nach Angaben des Bundesfinanzministeriums lag schon die Umlaufrendite öffentlicher Anleihen in der Vergangenheit unterhalb der Wachstumsrate. Da Anleihen aber tendenziell höher verzinslich sind als andere Schuldformen, dürfte diese Aussage verstärkt für die Zinsbelastung der gesamten Staatsschulden gelten.

[37] Vgl. Sachverständigenrat: Jahresgutachten 1975, Ziffer 335.

2. Die aktuelle finanzwirtschaftliche Lage in der Bundesrepublik Deutschland

Für das Jahr 1977 ergaben sich folgende für die finanzwirtschaftliche Betrachtung bedeutsame Daten:

Das Bruttosozialprodukt zu Marktpreisen betrug 1977 1198,7 Milliarden DM[38]. Der Schuldenstand des öffentlichen Gesamthaushalts belief sich auf 328,5 Milliarden DM[39] und die Zinsausgaben machten 21,4 Milliarden DM bei einem Umfang des Gesamthaushalts von 399,6 Milliarden DM aus[40]. Aus diesen Werten lassen sich nun verschiedene finanzwirtschaftliche Kennzahlen bilden:

$$\text{a)}\ \frac{\text{Schuldenstand}}{\text{Bruttosozialprodukt}} = \frac{328{,}5\ \text{Mrd. DM}}{1\,198{,}7\ \text{Mrd. DM}} = 0{,}27 = 27\,\%$$

$$\text{b)}\ \frac{\text{Zinsendienst}}{\text{Bruttosozialprodukt}} = \frac{21{,}4\ \text{Mrd. DM}}{1\,198{,}7\ \text{Mrd. DM}} = 0{,}018 = 1{,}8\,\%$$

$$\text{c)}\ \frac{\text{Zinsendienst}}{\text{Haushaltsvolumen}} = \frac{21{,}4\ \text{Mrd. DM}}{399{,}6\ \text{Mrd. DM}} = 0{,}0535 = 5{,}35\,\%$$

Wenn auch noch einmal auf die begrenzte Aussagekraft solcher Kennzahlen hingewiesen werden muß[41], so besitzt

---

38 Vgl. Monatsberichte der Deutschen Bundesbank, Heft 1, 1979, statistischer Teil, S. 64.

39 Vgl. ebenda, S. 58.

40 Vgl. Bundesfinanzministerium (Hrsg.): Finanzbericht 1978, S. 18.

41 Vgl. zu einem Versuch, finanzwirtschaftliche Grenzen mittels Kennzahlen zu bestimmen, Maurer, C.: Grenzen der Staatsverschuldung, in: Grenzen der öffentlichen Verschuldung, Vierteljahres-Schriftenreihe des österreichischen Forschungsinstituts für Sparkassenwesen, Heft 2, Wien 1977, S. 23 ff. Maurer vergleicht anhand solcher Kennzahlen auch die Staatsverschuldung in verschiedenen Ländern. In dieser Arbeit soll auf einen solchen Vergleich verzichtet werden, weil über die begrenzte Aussagefähigkeit derartiger Kennzahlen hinaus zusätzliche Schwierigkeiten auftreten. Dabei handelt es sich u. a. um statistische Abweichungen, um unterschiedliche historische Entstehungsgründe eines bestimmten Schuldenstandes, um unterschiedliche Entwicklungsstände der einzelnen Nationen sowie auch um unterschiedliche konjunkturelle Einflüsse in den einzelnen Ländern. Eine reine Gegenüberstellung gleicher Kennzahlen liefert aus diesen Gründen ohne gleichzeitige eingehende methodische Untersuchungen kaum brauchbare Ergebnisse. Es besteht vielmehr noch die Gefahr, daß aus einem Vergleich falsche Schlüsse gezogen werden. „Man verschone die Öffentlichkeit daher mit solchen Rechenkunststücken ..." So Neumark, F.: Die Finan-

doch zumindest der Anteil des Zinsendienstes am Bruttosozialprodukt und am Haushaltsvolumen eine gewisse Aussagekraft. In der Bundesrepublik Deutschland liegt zum Beispiel der Anteil der Zinsen am Bruttosozialprodukt mit 1,8 Prozent über dem Wert, der nach den Vorstellungen des Sachverständigenrats für eine Normalverschuldung vorzusehen ist[42]. Nach diesem Konzept würde also die potentialorientierte Kreditaufnahme im Augenblick nicht einmal mehr ausreichen, um die Zinsen zu finanzieren. Bei einer Kreditquote in Höhe von 2 Prozent, wie es etwa den Überlegungen der Bundesbank entspricht, bleibt ein geringer Teil der Kreditaufnahme auch zur Finanzierung sonstiger Ausgaben übrig. Folgt man allerdings den Gedankengängen in dieser Arbeit, nach denen sich mittelfristig eine niedrigere Kreditquote als nach den Vorstellungen des Sachverständigenrats ergeben müßte, so übersteigt die Zinsbelastung ebenfalls die jeweilige Kreditaufnahme.

Die Gegenüberstellung von Krediteinnahmen und Zinsausgaben ist allerdings nur fiktiv möglich. In der Realität besteht kein Zusammenhang zwischen diesen Größen der Einnahmen- und Ausgabenseite des Budgets.

Es ist ohne weiteres denkbar, daß allein die konjunkturell bedingte Staatsverschuldung im Durchschnitt der Jahre zwei oder gar mehr Prozent des Bruttosozialprodukts erreicht. Demzufolge ist es ebenfalls denkbar, daß der Zinsendienst eine ähnliche Größenordnung erreicht. Dies wird — wie gezeigt wurde — im einzelnen von der Relation zwischen Zinssatz und Wachstumsrate bestimmt. In einem solchen Fall kann man allerdings nur schwerlich von einer finanzwirtschaftlichen Grenze der Kreditaufnahme sprechen, weil in einem Konjunkturabschwung die Kreditfinanzierung staatlicher Ausgaben nur im Unterlassen von Ausgaben oder in

---

zierung wachsender Staatsausgaben, in: Der Staatssektor in der sozialen Marktwirtschaft, Schriftenreihe der Hochschule Speyer, hrsg. von Duwendag, D., Bd. 59, Berlin 1976, S. 104.

[42] Aus diesem Grunde sieht auch Hoppe die im Konzept des Sachverständigenrats implizit enthaltene Verschuldungsgrenze als überschritten an. Vgl. Hoppe, M.: Probleme der . . ., S. 70.

Steuererhöhungen eine Alternative hat. Diese Alternativen würden zwar keine Zinslasten bewirken, die gesamtwirtschaftliche Aktivität und damit auch die Steuereinnahmen des Staates wären aber geringer als ohne Kreditfinanzierung. Die finanzielle Situation des Staates stellt sich daher höchstwahrscheinlich im Falle der Kreditfinanzierung und damit verbundenen Zinslasten besser dar, als im Falle der Steuerfinanzierung oder unterlassener Ausgaben und ohne Zinslasten.

Liegen der Kreditaufnahme aber andere als konjunkturelle Motive zugrunde, etwa Lastverteilungsüberlegungen, oder die Absicht, den finanziellen Handlungsspielraum auszudehnen, so ist die finanzwirtschaftliche Betrachtungsweise anders zu beurteilen. In dem Moment, in dem der Zinsendienst die Höhe der Kreditaufnahme erreicht hat, ist zwar nach wie vor eine Lastverteilung möglich, aber die Qualität der Lastverteilung ändert sich. Es werden überwiegend Altlasten verteilt. Außerdem ist kein zusätzlicher Ausgabenspielraum mehr vorhanden, wenn man die Situation mit dem Fall ohne Kreditaufnahme von Anfang an vergleicht. Bei dieser Konstellation ist die finanzwirtschaftliche Grenze deswegen auch von einer höheren Bedeutung als im Zusammenhang mit stabilitätspolitisch bedingten Kreditaufnahmen.

D. Grenzen der Abgabenbelastung

In der Regel verbindet sich mit dem Begriff der finanzwirtschaftlichen Grenze nicht der Tatbestand, daß die Kreditaufnahme nur noch zur Finanzierung der Kreditzinsen ausreicht. Normalerweise gilt die finanzwirtschaftliche Grenze erst dann als überschritten, wenn der Staat unter Berücksichtigung aller Finanzierungsmöglichkeiten nicht mehr in der Lage ist, seinen Zahlungsverpflichtungen und damit auch den Zinszahlungen nachzukommen[43].

[43] Siehe unter anderen Burkheiser, K.: Grenzen . . ., S. 80. „Grundsätzlich gilt . . . der Satz, daß sich die finanzwirtschaftlichen Grenzen für eine staatliche Schuldenpolitik aus der Tragfähigkeit des Haushalts für den Schuldendienst ergeben."

Übersteigt nun der Zinsendienst die jährliche Kreditaufnahme, so muß der Staat zur Finanzierung eines Teils der Zinsen auf vorhandene Steuereinnahmen zurückgreifen, oder gar die Steuereinnahmen durch neue oder erhöhte Steuern verstärken. Unter Berücksichtigung der Steuereinnahmen liegt dann die finanzwirtschaftliche Grenze der Kreditaufnahme dort, wo der Staat seine Steuereinnahmen nicht mehr steigern kann. Wo diese finanzwirtschaftliche Grenze aber genau liegt, läßt sich nicht sagen. Hier sind bestenfalls kurzfristig gültige Aussagen möglich. Die Wirtschaftssubjekte passen sich nämlich an ganz unterschiedliche Steuerbedingungen an und sehen je nach der Gewöhnung die Grenze der Abgabenbelastung anders. Die Erfahrung lehrt, daß jede Generation behauptete, der Grenze der Abgabenbelastung gegenüberzustehen und jeweils eine Generation später war diese Grenze ohne erkennbaren Schaden für die Volkswirtschaft überschritten[44].

Derartige Erfahrungen helfen dem Finanzpolitiker allerdings nicht bei notwendigen Entscheidungen über möglicherweise anstehende Steuererhöhungen. Richtlinien für die steuerpolitischen Entscheidungen und damit für die Bestimmung einer finanzwirtschaftlichen Grenze müssen auf den Steuerwirkungen aufbauen, die hier zumindest kurz angesprochen werden sollen. Steuerwirkungen können nicht exakt vorausbestimmt werden, da sie davon abhängen, wie die Steuerpflichtigen auf die Steuerlast reagieren. Die Festsetzung der Steuern ist ein Hoheitsakt, der jeden, der den Erhebungsgrund für die Steuer erfüllt, zwangsweise mit Abgaben belastet. Angesichts des Zwangs, der mit der Erfüllung des Steuertatbestands verbunden ist, ist es naheliegend und rational, daß die Wirtschaftssubjekte versuchen, sich an die Steuerbedingungen anzupassen.

Eine Möglichkeit der Anpassung besteht in der Steuervermeidung, wobei die Steuervermeidung sowohl auf legale als auch auf illegale Weise möglich ist[45].

---

44 Vgl. Schmölders, G.: Finanzpolitik, 3. Auflage, Heidelberg 1970, S. 324.

45 Vgl. Zimmermann, H., und Henke, K. D.: Einführung . . ., S. 157 ff.

Eine zweite Möglichkeit liegt darin, die Steuer zwar zu zahlen, aber die Steuerlast zu verlagern. So kann ein Unternehmen versuchen, die Steuer über eine Preiserhöhung auf die Kunden zu überwälzen. Bei einer höheren Lohnsteuer können die Gewerkschaften einen Ausgleich in höheren Tarifforderungen suchen. Speziell in diesem Fall besteht auch die Möglichkeit, Tarifforderungen auf Nettogehältern aufzubauen. Eine dritte Möglichkeit der Anpassung bietet die sogenannte Steuereinholung. Steuereinholung liegt vor, wenn ein Individuum durch die Steuerlast zu Mehrleistungen angeregt wird, die es in den Zustand vor der Steueranhebung zurückversetzen.

Das jeweilige Resultat der Steuerwirkungen ist auch im Einzelfall entscheidend dafür, ob Grenzen der Abgabenbelastung erreicht sind oder nicht. Derartige Grenzen lassen sich nur schwer oder vielleicht auch gar nicht mit Hilfe der volkswirtschaftlichen Steuerquote oder eines Spitzensatzes der Einkommensteuer bestimmen[46]. Anzeichen für erreichte Grenzen können beispielsweise verstärkte Präferenzen für Freizeit sein, sofern diese auf als zu hoch empfundene Steuerbelastungen der Arbeit zurückgeführt werden können. Auch eine sinkende Investitionsbereitschaft der Unternehmen läßt sich unter Umständen auf durch die Steuerbelastung mit bedingte zu geringe Gewinnerwartungen zurückführen. Ein drittes Indiz kann die verstärkte Verlagerung des steuerlichen Wohnsitzes ins Ausland darstellen. Es ist aber nicht möglich exakt zu definieren: Wenn diese und jene Anzeichen vorliegen, ist die Grenze der Abgabenbelastung erreicht.

Wesentlich bei der Diskussion um die zumutbare Steuerbelastung ist allerdings, daß die Leistungsbereitschaft und das Leistungsvermögen der Volkswirtschaft durch eine Steuererhöhung nicht so stark eingeschränkt werden, daß es trotz höherer Steuern zu niedrigeren Steuereinnahmen kommt. In diesem Fall müßte von einer Grenze der Abgabenbelastung gesprochen werden. Speziell die Progression inner-

---

[46] Vgl. Ehrlicher, W.: Grenzen der steuerlichen Belastbarkeit des Produktivvermögens, Wirtschaftspolitische Kolloquien der Adolf-Weber-Stiftung, Berlin 1977, S. 15.

halb des Einkommensteuertarifs dämpft etwa die Bereitschaft zu Überstunden oder zu sonstigen Sonderleistungen[47]. Es genügt allerdings auch nicht, bei der Diskussion nur den marginalen Steuersatz im Auge zu behalten, sondern es müssen auch die Belastungen durch die Sozialabgaben mitberücksichtigt werden[48].

Angesichts der möglichen negativen Auswirkungen von Steuererhöhungen erscheint es deswegen auch sinnvoll, den Zinsendienst im Staatshaushalt nicht über die durchschnittliche Kreditquote hinaus ansteigen zu lassen, weil andernfalls die Zinsen, sofern nicht bestimmte Aufgaben vernachlässigt werden sollen, teilweise über höhere Steuern finanziert werden müssen. Dies gilt zumindest dann, wenn man von einer ökonomisch vertretbaren Kreditquote ausgeht, die nicht einfach aus fiskalischen Überlegungen erhöht werden soll.

E. Grenzen der Aufgabeneinschränkung

Die Grenze der Abgabenbelastung ist nicht in jedem Fall gleichbedeutend mit einer Grenze für den Zinsendienst. Die Ausgabenseite des Staatshaushalts liefert unter Umständen auch Möglichkeiten, den notwendigen Manövrierraum für die Bezahlung der Zinsen zu schaffen. Die Aufgabeneinschränkung zugunsten von Zinszahlungen darf allerdings nur soweit gehen, daß keine notwendigen Staatsaufgaben und damit meistens auch Staatsausgaben vernachlässigt werden müssen. Wie der Begriff „notwendig" aber im Einzelfall zu bestimmen ist, läßt sich nicht allgemeingültig sagen. Beispielsweise hatte aber wohl der Sachverständigenrat recht, als er in seinem Jahresgutachten von 1975 eine Revision der

---

[47] Vgl. zur Kritik der Steuerprogression und zu deren wirtschaftlichen Wirkungen Schmidt, K.: Die Steuerprogression, Veröffentlichungen der List Gesellschaft e. V., Band 20, Tübingen 1960, besonders S. 110 ff.

[48] So liegt der marginale Steuersatz bei einem zu versteuernden Jahreseinkommen von 30 000 DM bei einem Ledigen ohne Kinder bei ca. 42 Prozent. Dazu kommen noch 9 Prozent Rentenversicherung, ca. 6 Prozent Krankenversicherung und 1,5 Prozent Arbeitslosenversicherung. Alles zusammen eine Belastung von 58,5 Prozent.

Staatstätigkeit forderte[49]. Beispielhaft verwies er damals auf die Bereiche Personalausgaben, Sozialausgaben und Finanzhilfen, Bundesbahn und Sozialversicherung, in denen sich Einsparungsmöglichkeiten und Verringerungen des Aufgabenumfangs ergeben könnten. Darüber hinaus läßt sich vielleicht durch eine Privatisierung staatlicher Aufgaben weiterer finanzieller Handlungsspielraum gewinnen. Aber auch hier sind die Grenzen schneller erreicht, als allgemein angenommen wird oder wurde. Das Ausmaß der hinnehmbaren Aufgabeneinschränkung hängt auch nicht zuletzt vom Entwicklungsstand der Volkswirtschaft ab. Je drängender der Bedarf etwa an Infrastrukturmaßnahmen oder an sozialen Hilfeleistungen ist, um so weniger lassen sich diese Ausgaben zurückführen. Ein weiterer Anhaltspunkt könnte der Bindungsgrad der Ausgaben im Staatshaushalt sein. Wenn allein schon aus vertraglichen oder gesetzlichen Verpflichtungen über 80 Prozent des Etats manövrierunfähig sind, so deutet dies auf geringe Möglichkeiten der Aufgabeneinschränkung hin. Selbstverständlich lassen sich Gesetze ändern und Personalstellen können abgebaut werden. Es ist aber zu bezweifeln, ob die verantwortlichen Politiker dies in Kauf nehmen wollen, nur um den Zinsendienst auf die Staatsschulden sicherzustellen. Eine zweite Frage ist, ob dies zweckmäßigerweise gefordert werden sollte. Nach dem bisher Gesagten ist zweifelhaft, ob die Position Zinsausgaben eine so dominierende Rolle im Staatshaushalt spielen darf. Wenn also theoretisch die Aufgabeneinschränkung die Erfüllung des Zinsendienstes sicherstellen kann, so kann sie doch kaum — weder ökonomisch noch politisch — als zweckmäßig angesehen werden.

Legt man die derzeitigen Verhältnisse im öffentlichen Gesamthaushalt der Bundesrepublik Deutschland zugrunde, so hat es bisher noch nicht die Notwendigkeit der absoluten Aufgabeneinschränkung gegeben. Bisher mußten lediglich die Wachstumsraten der einzelnen Ausgabenpositionen geringer als geplant oder erwünscht ausfallen, um die Zahlung der

---

[49] Vgl. Sachverständigenrat: Jahresgutachten 1975, Ziffer 333 ff.

Zinsen zu ermöglichen. Die Zinsausgaben haben aber sowohl absolut als auch relativ eine immer größere Position im Staatshaushalt erreicht[50]. Diese Entwicklung ist zwar bedenklich, es kann aber gleichwohl keine Formel entwickelt werden, nach der nun aus dem Anteil der Zinsausgaben am Staatshaushalt eine Grenze der Verschuldung abgeleitet werden könnte. Hier bleibt wiederum nur der Hinweis, daß die Zinsausgaben, die aus konjunkturell bedingten Kreditaufnahmen resultieren, unvermeidbar sind[51]. Und zwar deshalb, weil die Alternative einer unterlassenen Kreditaufnahme wegen der dann noch niedrigeren Steuereinnahmen ungünstigere finanzwirtschaftliche Folgen hätte.

F. Wachstumswirksame Ausgaben als Ausweg

Mögliche finanzwirtschaftliche Grenzen bestimmten offenbar auch in wesentlichem Maße die Einstellung der Klassiker zur Staatsverschuldung. Die Kreditaufnahme des Staates stieß nämlich bei ihnen generell auf Ablehnung und war lediglich zur Finanzierung rentabler Investitionen vorgesehen[52]. Dahinter stand der Gedanke, daß rentable Investitionen über steigende Staatseinnahmen den Zinsendienst und die Tilgung der Staatsschuld ermöglichen und daß damit die Kreditaufnahme zu keiner Belastung des Steuerzahlers führt. Nach dieser Vorstellung konnte die Staatsschuld keine finanzwirtschaftlichen Grenzen erreichen[53].

---

[50] Die Zinsbelastung im öffentlichen Gesamthaushalt in Prozent der Ausgaben entwickelte sich seit 1965 wie folgt:

1965: 2,5 Prozent; 1966: 3,0 Prozent; 1967: 3,5 Prozent;
1968: 3,6 Prozent; 1969: 3,6 Prozent; 1970: 3,5 Prozent;
1971: 3,4 Prozent; 1972: 3,5 Prozent; 1973: 3,8 Prozent;
1974: 3,9 Prozent; 1975: 4,0 Prozent; 1976: 4,8 Prozent;
1977: 5,4 Prozent; 1978: 5,9 Prozent.

Quelle: Bundesministerium für Finanzen.

Der Wert für 1978 ist nach Plangrößen berechnet.

[51] Ausgenommen im Fall unverzinslicher Kredite, etwa von der Notenbank.

[52] Ein anderer, wenn nicht der entscheidende Grund zur Ablehnung war die Überzeugung von der Stabilität des privaten Sektors. Das Wirtschaftssystem zeichnet sich durch Vollbeschäftigung aus, der Staat konnte also durch Kreditaufnahme nur Störungen hervorrufen.

Die Ansicht, Staatsverschuldung sei unbedenklich, solange sie der Finanzierung rentabler Investitionen diene, hat sich recht lange, wenn nicht gar bis heute, gehalten. Hier soll geprüft werden, ob sie eine praktikable Möglichkeit liefert, die Kreditaufnahme zu bestimmen und die Verletzung finanzwirtschaftlicher Grenzen zu verhindern.

Was ist unter rentablen Investitionen zu verstehen? „Es lassen sich unterscheiden 1. öffentliche Anlagen, deren Einnahmen an Gebühren oder Verkaufserlösen ausreichend sind, um die zur Finanzierung des Projekts aufgenommene Schuld zu bedienen, und 2. Ausgabenprojekte, die das zukünftige Volkseinkommen und die Besteuerungsbasis vergrößern und auf diese Weise die Bedienung ... der zur Finanzierung aufgenommenen Schuld ermöglichen, ohne daß der zukünftige Steuersatz erhöht werden müßte[54]." Nach dieser Aufteilung enthält Gruppe 1 Investitionen mit einer Rentabilität im betriebswirtschaftlichen Sinne, während Gruppe 2 die Investitionen mit volkswirtschaftlicher Rentabilität umfaßt. Investitionen aus Gruppe 1 sind geeignet, die finanzielle Lage des Staatshaushalts direkt zu verbessern, bei ihnen ist der Investitionsgrund rein finanzwirtschaftlicher Art. „Die ordnungspolitische Diskussion dürfte aber ziemlich klar erwiesen haben, daß gerade diese Form der Einnahmeerzielung — Erwerbswirtschaft aus ausschließlich fiskalischen Motiven — in einer marktwirtschaftlich orientierten Finanzwirtschaft unerwünscht ist[55]." Derartige Ausgaben dürften also im Staatshaushalt eines Landes wie der Bundesrepublik gar nicht auftauchen. Demzufolge scheiden sie auch für diese Arbeit als Anhaltspunkte aus. Darüber hinaus hat der Staat die Möglichkeit, bestimmte Ausgaben rentabel zu machen. So unterliegt es nämlich weitgehend seiner Entscheidung, ob er bestimmte Aufgaben kostenlos, kostendeckend oder mit Gewinn

---

53 Vgl. Stucken, R.: Finanzwissenschaftliche Deckungsgrundsätze, in: Probleme des öffentlichen Budgets, Schriften des Vereins für Socialpolitik, N. F., Band 31, hrsg. von Jecht, H., Berlin 1964, S. 54 f.

54 Musgrave, R. A.: Theorie . . ., S. 76.

55 Zimmermann, H.: Der letzte „klassische" . . ., S. 76.

ausführen will[56]. Der Staat könnte etwa dem Beispiel im Ausland folgend Autobahngebühren erheben und auf diese Weise den Autobahnbau zu einem rentablen Investitionsobjekt mit direkt zurechenbaren Erträgen machen. „Da das Marktverhalten des Staates (also, der Verfasser) variabel sein kann, ist er in der Lage, die Rentabilität von Projekten zu manipulieren[57]."

Insofern liefern die Investitionen mit betriebswirtschaftlicher Rentabilität keine klaren Anhaltspunkte dafür, welche Objekte aus finanzwirtschaftlicher Sicht bedenkenlos kreditfinanziert werden können. Einige Projekte darf der Staat in der Marktwirtschaft nicht durchführen, bei anderen besteht jeweils ein Zweifel, ob sie tatsächlich rentabel sind oder lediglich rentabel gemacht wurden.

Ein Manipulationsspielraum dieser Art besteht bei den Investitionen der Gruppe 2 nicht. Auch hier läßt sich der Autobahnbau als Beispiel anführen. Ein besseres Verkehrsnetz kann auch ohne Gebührenerhebung rentabel sein, wenn es die Transportbedingungen für die verschiedenen Verkehrsteilnehmer so verbessert, daß dies zu Kostenersparnissen, damit zu einer besseren Konkurrenzfähigkeit gegenüber dem Ausland und damit auch zu höherer Produktion und gesteigerten Gewinnen führt. Dadurch ausgelöste Wachstumswirkungen und Steuermehreinnahmen könnten indirekt der Investition Autobahnbau als Ertrag zugerechnet werden. Es ist allerdings in diesem Fall nahezu unmöglich, zum Zeitpunkt der Kreditaufnahme eine Aussage über die mit dem Autobahnbau verbundenen Wachstumswirkungen und damit verbundene Steuereinnahmen zu machen. Dies gilt wohl für alle Arten der Investitionen aus Gruppe 2. Eine zweite Frage ist, ob nur die Investitionen im volkswirtschaftlichen Sinne rentabel sind. Musgrave weist darauf hin, daß nicht nur der Erwerb realer Vermögenswerte, sondern daß auch höhere Lehrergehälter und eine bessere ärztliche Versorgung der Bevölkerung in der Zukunft ein erhöhtes Volkseinkommen

[56] Vgl. Thym, W. R.: Öffentliche Ausgaben und öffentliche Schuld, Diss., Nürnberg 1968, S. 163.

[57] Hansmeyer, K. H.: Der öffentliche Kredit, S. 58.

bewirken können[58]. Der Begriff der Investitionen reicht also offensichtlich nicht aus, die wachstumswirksamen Ausgaben zu umfassen. Bei der Suche nach Ausgaben, die volkswirtschaftlich rentabel sind, entstehen allerdings ähnliche Schwierigkeiten wie bei dem Versuch, zukunftswirksame Ausgaben praktikabel abzugrenzen[59]. Auch hier gilt, daß in einem rationalen Budget eigentlich nur Ausgaben enthalten sein dürften, die für die Entwicklung des Gesamtstaates notwendig oder doch zumindest wichtig sind. In diesem Sinne wäre aber fast allen Ausgaben eine volkswirtschaftliche Rentabilität zuzusprechen. Eine Orientierung an der Gruppe 2 der rentablen Ausgaben liefert also auch keine praktikable Lösung, denn es ist finanzwirtschaftlich kein vertretbares Ergebnis, wenn nahezu alle Ausgaben mit Kredit finanziert werden. Damit sind aber auch die wesentlichsten Gründe, die aus finanzwirtschaftlichen Überlegungen für eine Objektbindung der staatlichen Kreditaufnahme sprechen könnten, hinfällig[60].

Nicht zuletzt scheitert dieser Ansatz aber wiederum am Gesamtdeckungsprinzip im Haushalt. Nur mit reiner Fiktion ließen sich bestimmten Ausgaben bestimmte Einnahmen zuordnen. Die Bindung der Kreditaufnahme an wachstumswirksame Ausgaben scheidet also als Ausweg zur Vermeidung finanzwirtschaftlicher Grenzen aus. Dennoch sind aber wachstumswirksame Ausgaben, oder besser eine erfolgreiche Wachstumspolitik das beste Mittel, die relative finanzwirtschaftliche Belastung aus dem Schuldenstand möglichst gering zu halten. Entscheidend für Höhe und Zeitpunkt der Kreditaufnahme bleibt aber nach wie vor die gesamtwirtschaftliche Situation und nicht die Orientierung an bestimmten Ausgabearten.

58 Vgl. Musgrave, R. A.: Theorie . . ., S. 77.

59 Vgl. zu den zukunftswirksamen Ausgaben Kapitel 2 C 2, S. 47 ff.

60 Vgl. Institut FSt. Heft 92: Die Gesetzentwürfe zur Haushaltsreform, Bonn 1969. Hier wird trotz der erwähnten Gegenargumente die Objektbindung für die einzig zweckmäßige Form zur Bestimmung der Kreditaufnahme angesehen.

G. Grenzen durch zunehmende Anschlußfinanzierungen

Nettoschuldentilgungen kommen, wenn der Staat eine stetige Aufgabenerfüllung anstrebt, nur in Höhe konjunkturell bedingter staatlicher Mehreinnahmen in Frage. Demzufolge ist eine ständige, absolute Zunahme des Schuldenstandes ziemlich wahrscheinlich. Die Einhaltung der Kreditbedingungen verlangt aber bei jeder einzelnen Kreditaufnahme eine Tilgung entsprechend den vertraglichen Abmachungen[61]. Die Tilgungen, deren Höhe bei wachsendem Schuldenstand ständig zunimmt, können deswegen auch nicht jeweils auf entsprechende Mehreinnahmen warten. Aus diesem Grund erfolgen die Kreditrückzahlungen überwiegend mittels neuer Kreditaufnahmen, also mittels sogenannter Anschlußfinanzierungen. Tilgung und Kreditaufnahme stehen sich damit in gleicher Höhe gegenüber, der Schuldenstand bleibt unverändert[62].

Normalerweise ist diese Art der Tilgungsfinanzierung als bedenkenlos zu bezeichnen. Der Staat beansprucht in einem Schritt die Geldvermögensbildung und führt ihr im nächsten Schritt wieder Mittel in gleicher Höhe zu. Trotz dieser Übereinstimmung von Kapitalabfluß und -zufluß ist aber in Ausnahmesituationen mit Nebenwirkungen zu rechnen, die ihrerseits zu einer eigenständigen Grenze der Kreditaufnahme und damit des Schuldenstandes werden können.

Kreditaufnahme und -tilgung neutralisieren sich nur dann vollkommen, wenn sie gleichzeitig erfolgen. Dies ist aber wohl der Ausnahmefall. Im Extremfall kann die Kreditaufnahme am Anfang und die Kredittilgung am Ende eines Jahres liegen[63]. Vorübergehend wird dann also die Geldver-

---

[61] Lediglich bei Anleihen mit unbegrenzter Laufzeit entfällt die Tilgungsverpflichtung. Derartige Schuldformen spielen allerdings in der Bundesrepublik keine Rolle.

[62] 1977 betrug die Bruttokreditaufnahme 62,6 Millarden DM, während sich die Nettokreditaufnahme auf 33,0 Milliarden DM belief. Kredite in Höhe von 29,6 Milliarden DM dienten also lediglich der Tilgungsfinanzierung. Vgl. zu den Daten Statistisches Bundesamt, Statistisches Jahrbuch 1978, Wiesbaden 1978, S. 421.

[63] Vgl. Institut FSt. Brief 110: Zur Verfassungsmäßigkeit des Bundeshaushaltsentwurfs 1969, Bonn 1968, S. 15.

mögensbildung stärker beansprucht als es der Nettoverschuldung entspricht. Unter Umständen sind deswegen auch Anspannungen auf den Geld- und Kreditmärkten denkbar. Es ist allerdings vor allem die Aufgabe der Schuldenverwaltung, derartige Anspannungen durch eine geschickte Terminierung von Kreditaufnahme und Tilgung zu vermeiden. Schließlich kann gerade auch die Schuldenverwaltung mit Rücksicht auf die Kapitalströme ein zeitliches Auseinanderklaffen von Kreditaufnahme und -tilgung erfordern. Die zeitliche Differenz verhindert aber auf keinen Fall, daß, wenn auch teilweise mit Verzögerungen, die getilgten Mittel wieder in vollem Umfang zum Staat zurückfließen.

Dieser vollständige Rückfluß ist nicht mehr gewährleistet, wenn die Empfänger der Tilgungszahlungen, etwa auf Grund geänderter Liquiditätspräferenzen, die erhaltenen Mittel nicht wieder anlegen, sondern zumindest teilweise ausgeben. Mit derartigen Wandlungen im Anlageverhalten ist bei Inflationserwartungen oder auch bei plötzlichen Konjunkturbelebungen zu rechnen. Kommt es nun tatsächlich zu erheblichen Anspannungen der volkswirtschaftlichen Liquidität, so kennzeichnet die Nettokreditaufnahme des Staates nicht allein die Beanspruchung der Geld- und Kapitalmärkte, sondern die Bruttokreditaufnahme gibt wenigstens einige zusätzliche Orientierungshilfen, um mögliche Anspannungen abschätzen zu können. „Selbstverständlich ist es etwa bei gleichbleibendem Stand der gesamten Staatsverschuldung nicht einerlei, ob der Staat eine langfristige Anleihe auflegt, deren Erlös er in vollem Umfang für die Tilgung unverzinslicher Schatzanweisungen verwendet, oder ob er weder Kredite aufnimmt noch Schulden tilgt[64]."

Auch wenn offenbar die der Tilgung dienende Kreditaufnahme nicht bedeutungslos ist, teilweise vielleicht eigene Gefahrenherde verursacht, so ist es doch vor allem die Aufgabe des „Debt management" denkbare Schwierigkeiten zu vermeiden. Dies dürfte im Laufe der Zeit auch angesichts eines reifer werdenden Kapitalmarkts, der sich durch laufend

[64] Dreißig, W.: Zur Neuregelung der Kreditfinanzierung im Haushaltsrecht der BRD, in: Finanzarchiv, N. F., Band 29, Tübingen 1970, S. 513 f.

anfallende Zins- und Tilgungsbeträge in hohem Maße selbst alimentiert, leichter fallen[65].

H. Schlußfolgerungen aus der finanzwirtschaftlichen Betrachtung

Die finanzwirtschaftliche Belastung des Haushalts aus Kreditaufnahmen läßt sich nur anhand relativer Größen beurteilen. Zu diesem Zweck haben Theorie und Praxis eine Vielzahl von Kennziffern entwickelt. Unter diesen Kennzahlen vermitteln aber nur der Zinsbelastungssatz sowie das Verhältnis zwischen Kreditquote und Zinsbelastungssatz brauchbare Erkenntnisse. Der Zinsbelastungssatz allein zeigt die Belastung des Steuerzahlers durch den Zinsendienst an, während das Verhältnis Zinsbelastungssatz zu Verschuldungsanteil Auskunft darüber gibt, inwieweit die Zinsen durch Kreditaufnahme abgedeckt werden können.

Solange eine Volkswirtschaft über zufriedenstellende Wachstumsraten verfügt, hat sie bei einer gegebenen Verschuldung noch am ehesten die Gewähr dafür, daß die finanzwirtschaftlichen Folgen der Kreditaufnahme in einem erträglichen Rahmen bleiben.

Es ist nicht möglich, mit Hilfe finanzwirtschaftlicher Überlegungen eine bestimmte Kreditquote als Grenze für die Kreditaufnahme zu bestimmen. Es gibt deswegen auch keine originäre finanzwirtschaftliche Grenze der Verschuldung, sondern lediglich eine aus übergeordneten ökonomischen Kriterien abgeleitete Grenze.

Nach der Sicht des Verfassers verschafft die Kreditaufnahme auf Dauer nur dann einen zusätzlichen Ausgabespielraum für die politischen Entscheidungsträger, wenn die Wachstumsrate des Sozialprodukts den Zinssatz der aufgenommenen Kredite übersteigt[66]. Auch wenn dies der Fall sein sollte, verbleibt aber nur ein geringer Teil der Kredit-

---

[65] Vgl. Irmler, H.: Aktuelle Kapitalmarktfragen, in: Der langfristige Kredit, 28. Jahrgang, Heft 23, München 1977, S. 751.

[66] Vgl. S. 128 f.

aufnahme über den Zinsendienst hinaus zur Finanzierung sonstiger Ausgaben übrig. Ist hingegen der Zinssatz größer als die Wachstumsrate bedarf es zur Bedienung der Zinsen entweder höherer Steuern oder es müssen Staatsausgaben eingeschränkt werden. Es ist zwar richtig, daß höhere Wachstumsraten hier einen Ausweg eröffnen, dennoch scheidet die Finanzierung bestimmter rentabler oder wachstumswirksamer Ausgaben als Ausweg aus. Einmal scheitert dieser Ansatz am unumstrittenen Prinzip der Gesamtdeckung im Haushalt und zum anderen erscheint es unmöglich, wachstumswirksame Ausgaben operational abzugrenzen.

Fünftes Kapitel

Sonderfragen bei den Gemeinden

A. Zur Übertragbarkeit der bisherigen Ergebnisse auf Bund, Länder und Gemeinden

Aufgrund des föderativen Aufbaus der Bundesrepublik Deutschland genügt es nicht, Grenzen der Kreditaufnahme nur im Hinblick auf den öffentlichen Gesamthaushalt zu suchen. Möglicherweise lassen sich nämlich die einzelnen Ergebnisse nicht ohne weiteres auf die drei Ebenen Bund, Länder und Gemeinden übertragen. Es existieren allerdings nach dem Kenntnisstand des Verfassers weder in der Theorie noch in der Praxis Stellungnahmen, die für den Bund oder für die Länder im Grundsatz andere als die bisher behandelten Maßstäbe zur Beurteilung der Verschuldung empfehlen. Übereinstimmend gilt die Auffassung, daß der Bund und auch die Länder[1] die Kreditaufnahme in erster Linie nach gesamtwirtschaftlichen Erfordernissen auszurichten haben[2]. Insoweit erscheint es zweckmäßig, die Ergebnisse der bisherigen Überlegungen ohne Einschränkung auf Bund und Länder zu übertragen. Ob hingegen auch bei den Gemeinden die gesamtwirtschaftliche Verantwortung in entscheidendem Maße die Kreditaufnahme bestimmen sollte, oder ob bei ihnen eher einzelwirtschaftliches Verhalten naheliegt, wird in der Literatur nicht einstimmig beantwortet. Aus diesem Grund dienen die folgenden Abschnitte der Frage, inwieweit ähnliche Überlegungen wie sie für den öffentlichen Gesamthaushalt gelten, auch für die Gemeinden gültig sind.

B. Einzelwirtschaftliche oder gesamtwirtschaftliche Zielsetzung der Gemeinden

Am 30. Juni 1977 gab es in der Bundesrepublik Deutschland 10 406 Gemeinden, von denen lediglich 476 mehr als 20 000

---

[1] Einschließlich der Stadtstaaten Berlin, Bremen und Hamburg.

[2] Vgl. Götz, G.: Die Schuldenpolitik der Länder, Diss. Mainz 1969, der die Länderfragen in keiner Weise abweichend vom Gesamtstaat behandelt.

Einwohner hatten[3]. Die große Anzahl der Gemeinden spielt für die Frage, ob sich die Gemeinden primär an einzelwirtschaftlichen oder primär an gesamtwirtschaftlichen Zielen orientieren, eine wesentliche Rolle. Das Verhalten einer einzelnen Gemeinde hat nämlich nur marginale Auswirkungen auf gesamtwirtschaftliche Größen[4]. Es erscheint deswegen naheliegend, daß die einzelne Gemeinde im Bewußtsein der geringen gesamtwirtschaftlichen Bedeutung ihres eigenen Handelns eher einzelwirtschaftliche als gesamtwirtschaftliche Ziele verfolgt. Darüber hinaus fehlt ihr die Gewißheit, daß ihr gesamtwirtschaftlich verantwortungsvolles Handeln von anderen Gemeinden entsprechend unterstützt wird. Hier kommen vor allem die Konkurrenzbeziehungen zwischen den einzelnen Gemeinden ins Spiel[5]. Verzichtet etwa eine Gemeinde mit Rücksicht auf die konjunkturelle Situation auf Maßnahmen zur Gewerbeansiedlung, so kann es ihr passieren, daß ihr eine andere Gemeinde in der Verfolgung einzelwirtschaftlicher Interessen und damit ohne Rücksicht auf die Gesamtwirtschaft interessante ansiedlungswillige Betriebe vor der Nase wegschnappt. Schließlich lastet die Bevölkerung konjunkturelle Fehlentwicklungen wohl eher den Regierungen der Länder und vor allem der des Bundes, als den Gemeindevertretungen an. Unmittelbar ist deswegen auch kein Anreiz für die Gemeinden vorhanden, das eigene Verhalten an den Erfordernissen der Gesamtwirtschaft auszurichten. Es erscheint aus diesem Grund zulässig, bei den Gemeinden ein

[3] Vgl. Statistisches Jahrbuch 1978 für die Bundesrepublik Deutschland, Hrsg. Statistisches Bundesamt, Wiesbaden 1978, S. 58, Tab. 3.7.

[4] Vgl. Sutter, U.: Wirkungen und Grenzen der Verschuldung nachgeordneter Gebietskörperschaften, in: Schmollers Jahrbuch für Wirtschafts- und Sozialwissenschaften, 90. Jg., Berlin 1970, S. 643.

[5] Vgl. Oberhauser, A.: Die konjunkturpolitische Koordinierung der öffentlichen Finanzwirtschaften und ihre finanz- und haushaltsrechtlichen Voraussetzungen, in: Probleme der Haushalts- und Finanzplanung, Schriften des Vereins für Socialpolitik, N. F., Bd. 52, hrsg. v. Haller, H., Berlin 1969, S. 114 ff. Oberhauser fordert aufgrund dieser unterschiedlichen Interessenlage und auch wegen der unterschiedlichen Ausgangssituationen in den einzelnen Gemeinden Koordinierungsmaßnahmen, lehnt allerdings Empfehlungen der Zentralinstanz oder freiwillige Vereinbarungen als unwirksam ab. Erfolgsaussichten liegen seiner Meinung nach in Anreizen zu einem entsprechenden Finanzgebaren oder in einer konjunkturgerechten Ausstattung der Gemeinden mit Finanzmitteln.

erhebliches Eigeninteresse zu unterstellen, das im Zweifel gegen die Interessen der Volkswirtschaft zur Geltung gebracht wird[6].

Setzt sich nun die einzelwirtschaftliche Betrachtungsweise bei allen Gemeinden durch, so mag das mögliche Fehlverhalten jeder einzelnen Gemeinde noch zu einer unbedeutenden Beeinträchtigung gesamtwirtschaftlicher Zielsetzungen führen. Alle Gemeinden zusammengefaßt ist jedoch unter Umständen mit gravierenden Nachteilen für die Volkswirtschaft zu rechnen. Mikroökonomisch rationales Verhalten kann in diesem Fall durchaus zu makroökonomisch unerwünschten Effekten führen[7]. Dies gilt vor allem dann, wenn, wie in der Bundesrepublik, der Anteil der Gemeindeausgaben an den Ausgaben der Gebietskörperschaften insgesamt relativ groß ist. So entfielen 1977 20,5 Prozent dieser Ausgaben auf die Gemeinden (GV)[8], und im gleichen Jahr betrug der Anteil der Gemeinden (GV) an den Sachinvestitionen der Gebietskörperschaften 65,5 Prozent. Im einzelnen ergibt sich die Entwicklung der kommunalen Investitionen in ihren absoluten Werten aus Tabelle 4, während der Anteil an den öffentlichen Sachinvestitionen aus Figur 3 abzulesen ist[9].

---

[6] Vgl. Zollmann, E. A.: Die Gemeindehaushaltsreform, Diss. Freiburg 1976, S. 201.

[7] Vgl. Nowotny, E.: Theoretische und wirtschaftspolitische Aspekte der Verschuldung der nachgeordneten Gebietskörperschaften, in: Quartalshefte, Girozentrale und Bank der österreichischen Sparkassen, 11. Jg., Wien 1976, S. 90.

[8] Vgl. zu den absoluten Werten, aus denen dieser Anteil errechnet ist, Sachverständigenrat: Jahresgutachten 1978/79 statistischer Teil, S. 262 f., Tabelle 27. In absoluten Zahlen ergibt sich jeweils in Millionen DM folgendes Bild: Bund: 171 414, Länder: 132 641, Gemeinden: 78 491.

[9] Entnommen aus Klein, R. R., und Münstermann, E.: Gemeindefinanzbericht 1977, in: der städtetag, Heft 1, Köln 1977, N. F., 30. Jg., S. 3.

a) Quelle: Finanzberichte 1978 und 1979.

a) Die Darstellung ist entnommen aus Klein, R.R., und Münstermann, E.: Gemeindefinanzbericht 1978, in: der städtetag, Heft 1, Köln 1978, N. F., 31. Jg., S. 4.

Tabelle 5

Investitionen der Gebietskörperschaften

Jahr	Sachinvestitionen[a] Bund[b]	Länder (Mrd. DM)	Gemeinden (Gv)[c]
1961	3,56	2,62	8,33
1962	4,25	3,09	10,51
1963	4,39	3,57	12,09
1964	4,12	4,28	14,47
1965	4,80	4,68	15,02
1966	4,86	4,66	14,81
1967	5,65	4,51	13,59
1968	4,90	4,47	14,36
1969	5,37	4,83	16,44
1970	4,95	6,40	20,20
1971	5,90	6,96	24,20
1972	6,16	6,73	25,77
1973	5,92	7,37	27,50
1974	7,10	8,26	29,95
1975	7,81	8,24	29,76
1976	6,91[d]	8,43[e]	29,08[f]

a) Baumaßnahmen, Erwerb von Vermögen (Grundstücke, bewegliche Sachen des Anlagevermögens). — b) Ohne LAF, ERP-Sondervermögen, Offa; 1974 bis 1976 einschl. Offa. — c) Nur Kämmereiverwaltungen. — d) Soll. — e) Einschl. Konjunkturprogramm vom August 1975. — f) Zum Teil geschätzt.

Quelle: Statistisches Bundesamt, BMF, Deutscher Städtetag.

Demnach entfallen etwa $^2/_3$ der Investitionen auf die Gemeinden.

Das makroökonomische Fehlverhalten der Gemeinden (GV) in der Bundesrepublik zeigt sich in deren prozyklischer Ausgaben- und Investitionstätigkeit:

Figur 3: Die Werte der Tabelle 5 in relativen Größen

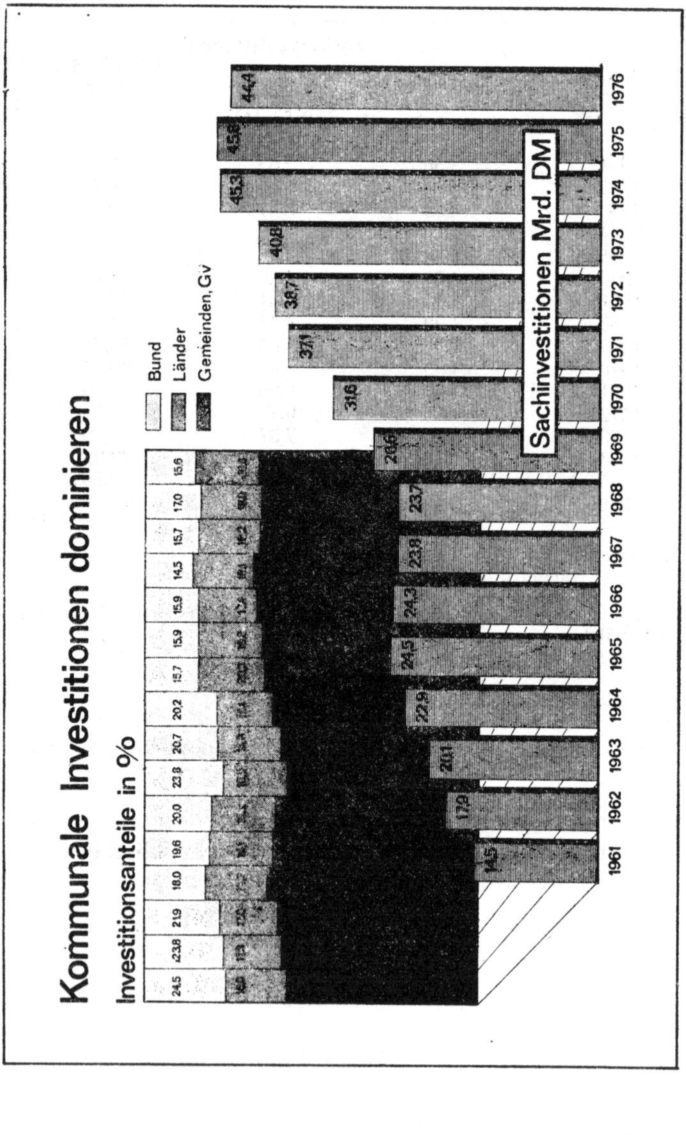

Quelle: Deutscher Städtetag.

Figur 4: Entwicklung der kommunalen Ausgaben im Vergleich zur Entwicklung des nominalen Bruttosozialprodukts[a)]

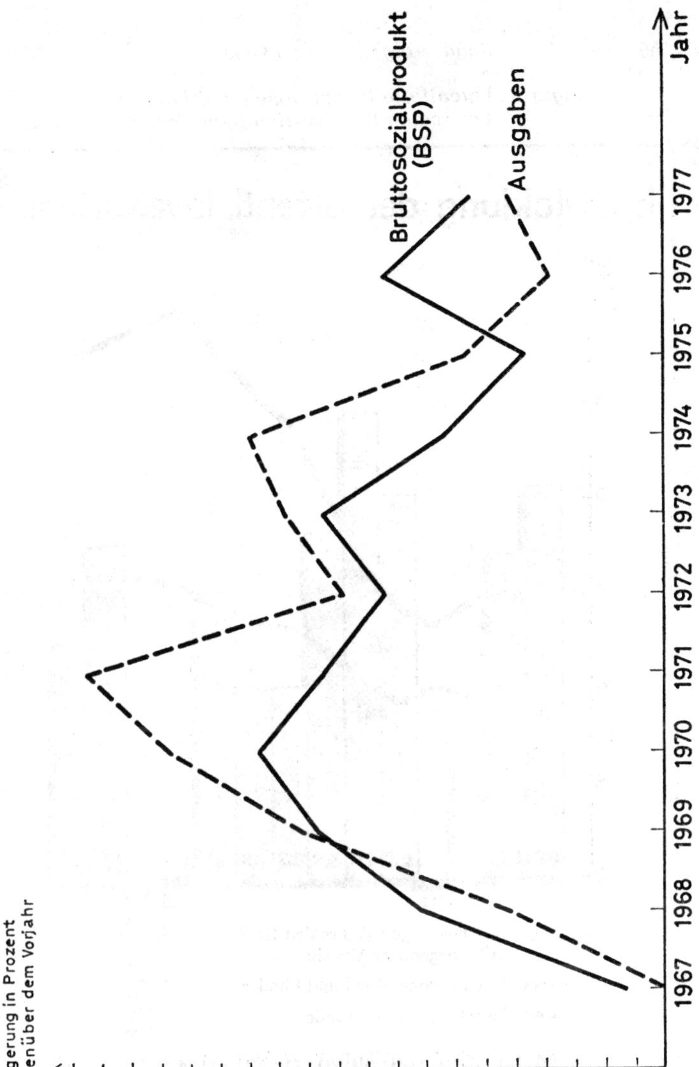

Der Darstellung liegen folgende prozentuale Werte zugrunde:

	67	68	69	70	71	72	73	74	75	76	77
Ausgaben:	0	6,8	12,1	16,6	19,3	10,8	12,5	13,6	6,4	3,7	5,5
BSP:	1,3	8,4	11,7	13,6	11,4	9,4	11,2	7,3	4,6	9,1	6,3

Mit Ausnahme der Jahre 1976 und 1977 ergibt sich ein prozyklisches Verhalten.

[1] *Quelle:* Finanzberichte 1978 und 1979.

Figur 5: *Öffentliche Investitionen und Entwicklung des realen Bruttosozialprodukts*[a)]

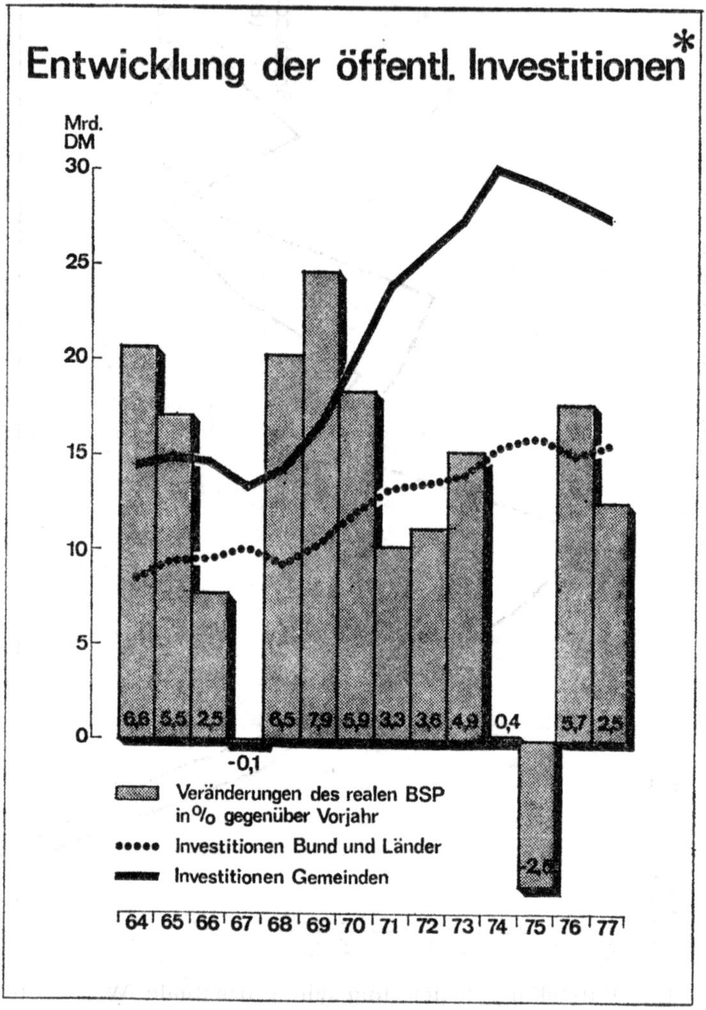

Sachinvestitionen (Erwerb von Sachvermögen, Baumaßnahmen).
Quelle: Deutscher Städtetag.

Bei den Gemeindeinvestitionen ist eine starke Parallelität zu der Entwicklung des Bruttosozialproduktes zu erkennen, während die Sachinvestitionen von Bund und Ländern zumindest schwach antizyklisch verlaufen. Dies gilt besonders für die Jahre 1969 und 1974/1975.

Die gesamtwirtschaftlich ungünstige zeitliche Verteilung der Ausgaben ist auch aus der einzelwirtschaftlichen Sicht einer Gemeinde nicht unbedingt zu begrüßen. Die gleiche Aufgabe, beispielsweise ein Bauvorhaben, läßt sich nämlich in Rezessionszeiten aufgrund geringer angespannter Märkte relativ preisgünstiger realisieren als unter den kostentreibenden Bedingungen einer Hochkonjunktur. Außerdem besteht auch im Gemeindebereich die Gefahr, daß infolge des prozyklischen Gemeindeverhaltens in der Hochkonjunktur Kapazitäten geschaffen werden, die in späteren Perioden brachliegen. In dieser Hinsicht liegen also zumindest mittelbar wirkende Anreize zu einem weniger prozyklischen und dafür mehr stetigem Ausgabeverhalten.

Die prozyklische Ausgabengestaltung der Gemeinden hat verschiedene Ursachen. Zunächst ist es mikroökonomisch verständlich, wenn sich die einzelne Gemeinde bei ihren Ausgaben an der Kassenlage ausrichtet. Aus einzelwirtschaftlicher Sicht erscheint es ebenfalls naheliegend, die Kreditaufnahme nach der Kassenlage beziehungsweise nach der Belastbarkeit des Haushalts zu bestimmen. Die Kassenlage ist auf der Einnahmenseite in erster Linie von den Steuern, Gebühren und Beiträgen, Zuweisungen sowie den Krediten abhängig. Diese Einnahmen machen circa 80 Prozent der Gesamteinnahmen aus. Nähere Einzelheiten zeigt die folgende Übersicht:

Die Steuereinnahmen fallen, überwiegend aufgrund der Gewerbeertragsteuer, prozyklisch an. Bedauerlicherweise unterliegen auch die Finanzzuweisungen prozyklischen Schwankungen, so daß sie, anstatt die Steuerschwankungen auszugleichen, diese sogar noch verstärken[10]. Wie Figur 6 zeigt, war in der Vergangenheit auch die Kreditmarktverschuldung der Gemeinden nicht dazu geeignet, diese Schwankungen zu reduzieren. Lediglich im Jahre 1975 ist eine im Vergleich zum Bruttosozialproduktzuwachs antizyklisch wirkende Kreditauf-

---

[10] Vgl. Sachverständigenrat: Jahresgutachten 1977/78, Ziffer 434.

Tabelle 6

Zusammensetzung der Gemeindeeinnahmen

(jeweils in Prozent)[a)]

Jahr:	68	69	70	71	72	73	74	75	76	77[b)]
Einnahme-art:										
St:	27,6	30,5	27,3	26,6	28,0	28,9	27,1	27,5	29,0	31,1
G + B:	17,7	16,6	17,1	17,2	17,6	17,4	16,4	17,5	19,0	19,0
Zuw.:	22,4	21,5	22,0	21,8	22,1	22,8	22,5	23,9	25,5	25,1
Kred.[c)]:	9,6	9,0	9,5	14,2	13,4	11,3	8,6	9,9	8,6	7,3
Sonstiges[d)]:	22,7	22,4	24,1	20,2	18,9	19,6	25,4	21,2	17,9	17,5

a) Die Prozentzahlen sind errechnet nach den Angaben von Klein, R. R., und Münstermann, E.: Gemeindefinanzbericht 1978, S. 18. — b) Die Daten für 1977 sind teilweise geschätzt. — c) Hier ist die Bruttokreditaufnahme am Kreditmarkt gemeint. — d) Hierzu gehören unter anderem: Entnahmen aus Rücklagen, Erlöse aus Vermögensveräußerungen sowie Erwerbseinkünfte.

nahme zu erkennen. Die Entwicklung war zwar auch 1972 und 1973 gegenläufig, dabei aber auf einem so hohen Niveau, daß hier die Kreditaufnahme als zu hoch und damit prozyklisch erscheint. Solange die Kassenlage für die Höhe der Kreditaufnahme entscheidend ist, sind hier kaum grundlegende Änderungen zu erwarten. Dieser Aspekt ist auch deshalb von Bedeutung, weil die gesetzlichen Bestimmungen zur gemeindlichen Kreditaufnahme ebenfalls eine kurzfristige Orientierung an der fiskalischen Situation der Gemeinde erfordern.

Den weitgehend prozyklischen Verlauf der Einnahmeentwicklung sehen die Gemeindevertreter auch in erster Linie als Ursache für das konjunkturpolitische Versagen der Gemeinden an. Nach deren Meinung wären die Gemeinden nämlich sehr wohl zu einer Abkehr von der prozyklischen Haushaltsgestaltung bereit, die faktischen Gegebenheiten ließen dies aber nicht zu. Diesem Standpunkt halten Vertreter von Bund und Ländern entgegen, daß es bei den Gemeinden nicht an der Möglichkeit, sondern überhaupt an der Bereitschaft zu einem konjunkturgerechten Verhalten und damit auch zu

Figur 6: Zuwachs der gemeindlichen Kreditmarktschulden im Vergleich zum Zuwachs des Bruttosozialprodukts[a)]

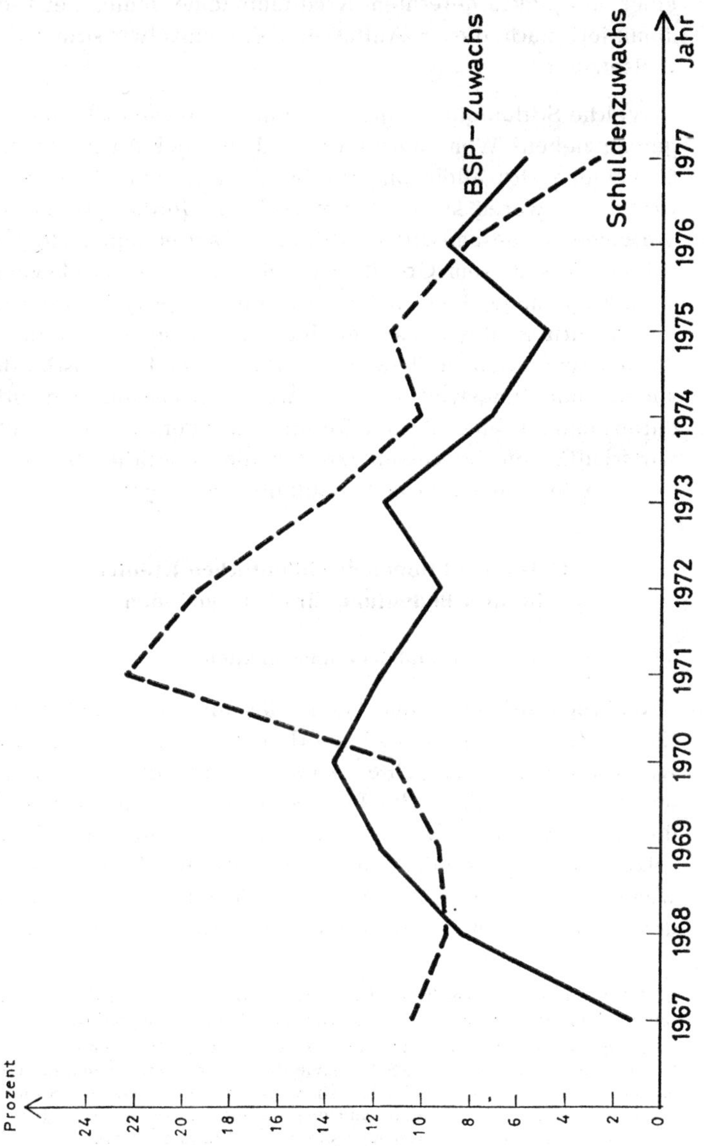

a) Vgl. zu den Kreditmarktschulden Finanzbericht 1978, S. 133, sowie Finanzbericht 1979, S. 136.

einer konjunkturgerechten Kreditaufnahme fehle. Letztlich dominiert nach dieser Auffassung die einzelwirtschaftliche Zielsetzung.

Welche Schlußfolgerungen sind nun aus diesen Überlegungen zu ziehen? Wenn auch nicht eindeutig geklärt ist, ob die Gemeinden sich allein an einzelwirtschaftlichen Zielen ausrichten, so wären sie doch sicherlich überfordert, wenn sie vorwiegend gesamtwirtschaftlichen Überlegungen folgen sollten. Aus diesem Grund erschiene es schon als Gewinn, wenn es gelänge, die Gemeinden von einem prozyklischen zu einem auch in ihrem eigenen Interesse liegenden, stetigen Ausgabeverhalten zu bewegen[11]. Die folgenden Abschnitte sollen andeutungsweise zeigen, welche Konsequenzen sich daraus und aus einer Berücksichtigung der verstärkten einzelwirtschaftlichen Interessenlage für die Möglichkeiten und Grenzen der gemeindlichen Kreditaufnahme ergeben[12].

C. Die Funktionen des öffentlichen Kredits in ihrer Bedeutung für die Gemeinden

1. Stabilisierungsfunktion

Während sich Bund und Länder bei ihrer konjunkturpolitischen Zielsetzung an der Entwicklung der gesamten Volkswirtschaft orientieren sollten, kann dies mit Rücksicht auf die mehr einzelwirtschaftliche Interessenlage von den Gemeinden nicht verlangt werden. Die konjunkturpolitische Zielsetzung der Gemeinden ist bereits als erfüllt anzusehen, wenn es gelingt, eine stetige, an den Gemeindeaufgaben ausgerichtete Ausgabenentwicklung durchzusetzen[13]. Dies wäre,

---

[11] Vgl. unter anderem Timm, H.: Gemeindefinanzpolitik in den Wachstumszyklen, in: Finanzarchiv, N. F., Band 28, Tübingen 1969, S. 457.

[12] Vgl. Institut FSt. Brief 144: Zur Einbeziehung der Gemeinden in die Konjunkturpolitik, Bonn 1974, S. 21: „Wie die Praxis zeigt, räumen die Gemeindevertretungen bei Entscheidungen im Widerstreit zwischen den Interessen der örtlchen Gemeinschaft und den Anforderungen der gesamtstaatlichen Konjunkturpolitik diesen Anforderungen nicht den Vorrang ein."

[13] Anderer Ansicht ist Schoenebeck, W. M.: Möglichkeiten des Einsatzes der kommunalen Finanzen als Mittel der Konjunkturpolitik, Diss. Bonn

gemessen an dem derzeitig praktizierten prozyklischen Ausgabeverhalten, bereits ein großer Fortschritt.

Die Stabilisierungsfunktion der gemeindlichen Kreditaufnahme ist deswegen auch im Hinblick auf eine Verstetigung der Gemeindeausgaben zu verstehen. Stetige Ausgaben setzen stetig fließende Einnahmen voraus. Aufgabe der Kreditaufnahme ist es nun auch, die Einnahmeschwankungen auszugleichen, die vor allem auf die Entwicklung der Steuern und der Finanzzuweisungen zurückgehen. Aus stabilitätspolitischer Sicht wird demnach die jeweilige Höhe der Kreditaufnahme nach der Differenz zwischen dem mittelfristig festliegenden Ausgabenumfang und den augenblicklich vorhandenen Einnahmen bestimmt. Im Normalfall müßte dann in Rezessionszeiten eine Kreditaufnahme zum Ausgleich des Einnahmeausfalls notwendig sein, während in Hochkonjunkturphasen Einnahmeüberschüsse anfallen müßten, die zur Tilgung der Kredite bereit stünden. Dies setzt allerdings voraus, daß die sonstigen Einnahmen mittelfristig zur Erfüllung der Gemeindeaufgaben ausreichen. Die Kreditaufnahme bleibt dann auf die Finanzierung von Einnahmeausfällen beschränkt, sie steht auch nicht zur Finanzierung zusätzlicher, der Konjunkturbelebung dienender Ausgaben bereit. „Im Idealfall könnte sich die Entwicklung der kommunalen Ausgaben an der projizierten mittelfristigen Wachstumsrate des gesamtwirtschaftlichen Produktionspotentials orientieren[14]."

2. Lastverteilungs- und Überbrückungsfunktion

Die Kreditfinanzierung staatlicher Ausgaben ist anderen Finanzierungsformen eindeutig überlegen, soweit sie zur Verteilung der Finanzierungslasten aus Ausgabestößen beiträgt, und soweit sie die Überbrückung von Finanzierungsengpässen oder eine allmähliche Anpassung der Einnahmen

1973, S. 232. „Zusammenfassend läßt sich feststellen, daß im kommunalen Bereich genügend Ansatzmöglichkeiten gegeben sind, die eine Ausrichtung der Gemeindefinanzen auf eine abgestimmte Konjunkturpolitik mit Bund und Ländern erfolgversprechend erscheinen lassen."

[14] Klein, R. R.: Kommunale Schuldenpolitik, Schriften des Deutschen Instituts für Urbanistik, Band 61, Köln 1977, S. 169.

an eine trendmäßige Entwicklung der Ausgaben erlaubt. Diese Aussagen behalten selbstverständlich auch für die Gemeinden ihre Gültigkeit. Die Lastverteilungs- und die Überbrückungsfunktion erhalten bei den Gemeinden sogar eine verstärkte Bedeutung, weil bei ihnen eher als bei Bund und Ländern mit einer diskontinuierlichen Ausgabenentwicklung zu rechnen ist[15]. Je kleiner die betrachtete Gemeinde ist, um so eher sprengt etwa der Bau eines Schwimmbades oder eines Rathauses den üblichen Finanzierungsrahmen. Der Grund für die Kreditaufnahme liegt dann allerdings nicht in dem jeweiligen Objekt, sondern einfach in dem vergleichsweise höheren Ausgabevolumen. Es ist also auch hier nicht eine bestimmte Ausgabeart, sondern die Haushaltssituation, die für eine Kreditaufnahme spricht. Im übrigen entfällt in vielen Fällen für die Gemeinden überhaupt die Möglichkeit, anstelle der Kreditaufnahme etwa die Steuern zu erhöhen[16]. Einmal, weil die Steuerautonomie der Gemeinden beschränkt ist, und zum anderen, weil hier die Konkurrenzsituation zwischen den Gemeinden zu berücksichtigen ist. „Bei ihnen muß (nämlich, der Verfasser) die Möglichkeit der Abwanderung von Steuersubjekten und Steuerobjekten im Falle einer über diejenige anderer Gemeinden hinausgehende Steuerbelastung sehr wohl in Rechnung gestellt werden[17]."

Im Hinblick auf die Lastverteilung kommt bei den Gemeinden allerdings ein zusätzlicher Gesichtspunkt ins Spiel. Unter Vollbeschäftigungsbedingungen verschafft nur die externe Verschuldung bei gleichzeitigem Realimport einer Gebietskörperschaft Handlungsmöglichkeiten, ohne damit Inländer in der Gegenwart zu belasten[18].

Diese Form der Lastverteilung über den Weg der Auslandsverschuldung verbietet sich in der Bundesrepublik für den Gesamtstaat vor allem im Hinblick auf den ungeheuren

---

[15] Vgl. Zeitel, G.: Eigentümlichkeiten und Grenzen . . ., S. 443. Dies ist nach Zeitel der für die kommunale Verschuldung entscheidende Sachverhalt.

[16] Vgl. Zeitel, G.: ebenda, S. 437.

[17] Stucken, R.: Unterschiede bei der Rücklagen- und Schuldenpolitik des Staates und der Gemeinden, in: Finanzarchiv, N. F., Band 20, Tübingen 1960, S. 98.

[18] Vgl. dazu Kapitel 1 B dieser Arbeit, S. 18 ff.

Kapitalbedarf unterentwickelter Länder[19]. Für die einzelne Gemeinde gilt dieser Einwand allerdings nicht. Für sie ist bereits die Kreditaufnahme bei einer Nachbargemeinde als externe Verschuldung anzusehen. Es muß deswegen geprüft werden, ob diese besondere Situation der Gemeinden eine Lastverteilung mittels Kreditaufnahme ermöglichen oder sogar erfordern kann.

„Mit Hilfe der äußeren Schuld lassen sich sowohl die realen Ressourcen einer Gemeinde, als auch deren nominelle Mittel erhöhen, so daß sich die Gemeinde mittels äußerer Schuld zumindest kurzfristig auf ein höheres Finanzkraftniveau, als auch ein höheres Niveau der Ausstattung mit realen Produktionsfaktoren bewegen kann[20]." Solange das durch die Kreditaufnahme erhöhte Haushaltsvolumen einer sinnvollen Verwendung zugeführt wird, ist es prinzipiell möglich, daß sich die Situation der kreditaufnehmenden Gemeinde verbessert, daß sie vor allem im Vergleich zu anderen Gemeinden attraktiver wird. Einerseits entsteht, wie gesagt, innerhalb des Gemeindebereichs in der Gegenwart keinerlei Belastung, andererseits verbessert sich aber entweder die Versorgung der Gemeinde mit öffentlichen Gütern und Diensten, oder die Abgabenbelastung kann vorübergehend gesenkt werden. Angesichts der weiten Betätigungsmöglichkeiten der Gemeinden ist eine geringere Abgabenbelastung jedoch höchst unwahrscheinlich. Es ist aber wohl unbestritten, daß die größere Finanzkraft die Attraktivität der Gemeinde zu erhöhen vermag. Dies kann sich in neuen Gewerbeansiedlungen, in Infrastrukturmaßnahmen für die anliegenden Gewerbebetriebe oder ganz allgemein in besseren Lebensbedingungen für die Bürger ausdrücken. Jedenfalls ist zu vermuten, daß dies auch nicht ohne positiven Einfluß auf die Leistungskraft und Leistungsbereitschaft der Gemeindemitglieder bleibt. Da die

---

19 Vgl. dazu Kapitel 2 E 1 dieser Arbeit, S. 72 ff.

20 Kahrmann, R.: Zur Theorie und Empirie der kommunalen Schuld in der Bundesrepublik Deutschland, Diss. Freiburg (Schweiz) 1969, S. 89. Vgl. auch Winkler, E. G.: Aufgaben und Grenzen der gemeindlichen Kreditnahme, Schriftenreihe des IFO-Instituts für Wirtschaftsforschung, Nr. 45, Berlin 1961, S. 73

externe Kreditaufnahme, zumindest bezogen auf die einzelne Gemeinde, im Vergleich zur Steuerfinanzierung auch nicht mit einer geringeren privaten Investitionstätigkeit verbunden ist, ist insofern auch nicht mit einem geringeren Wachstum, sondern eher mit verbesserten Wachstumschancen zu rechnen[21]. In dem Maße, in dem sich die Hoffnungen auf ein erhöhtes Wachstum erfüllen, erhöht sich dann auch die Möglichkeit, die Zins- und Tilgungsbelastungen aus der Kreditaufnahme in der Zukunft ohne besondere Anstrengung verkraften zu können. Aber auch wenn es nicht gelingt, das Wachstum innerhalb der Gemeinde zu beschleunigen, so erreicht die Gemeinde ein bestimmtes Versorgungsniveau doch früher als ohne externe Kreditaufnahme.

Diese positive Beurteilung der externen Gemeindeverschuldung und die damit verbundene Möglichkeit der Lastverschiebung kann allerdings nur aufrecht erhalten bleiben, wenn sich eine externe Kreditaufnahme tatsächlich verwirklichen läßt, und wenn auch für alle Gemeinden zusammen von einem Vorteil der externen Kreditaufnahme gesprochen werden kann.

Gesamtwirtschaftlich stehen den monetären und realen Zuführungseffekten bei den kreditaufnehmenden Gemeinden Entzugseffekte in anderen Gemeinden gegenüber[22]. Die externe Verschuldung der einzelnen Gemeinde wird zur internen Verschuldung aller Gemeinden[23]. Für den Gesamtstaat erhöht sich danach weder der monetäre noch der reale Handlungsspielraum, es treten also im Vergleich zur Steuerfinanzierung auch bei der externen Kreditaufnahme der einzelnen Gemeinde Wachstumseinbußen für den Gesamtstaat auf. Diese gesamtwirtschaftlich negative Wirkung könnte jedoch noch hingenommen werden, wenn vorwiegend finanzschwache Gemeinden von der externen Kreditaufnahme profitieren würden und finanzstarke Gemeinden diejenigen wären, die

---

[21] Vgl. Hansmeyer, K. H.: Gemeindliche Schuldaufnahme und wirtschaftliches Wachstum, in: Archiv für Kommunalwissenschaften, 4. Jg., Köln 1965, S. 217.

[22] Vgl. Kahrmann, R.: Zur Theorie . . ., S. 183.

[23] Vgl. Ragoss, K.: Ökonomische Wirkungen . . ., S. 17.

die Entzugswirkungen zu tragen hätten. Das prozyklische Ausgabenverhalten und die einzelwirtschaftliche Interessenlage der Gemeinden weisen aber darauf hin, daß die Finanzkraft ein entscheidender Bestimmungsfaktor für die Kreditaufnahme der Gemeinden ist. Aus diesem Grunde nutzen auch die finanzstarken Gemeinden in erster Linie die Vorteile der Kreditaufnahme, während es gerade die finanzschwachen Gemeinden sind, die die Nachteile in Kauf nehmen müssen. Anstatt die Unterschiede zwischen den Gemeinden zu mildern, entsteht dann eine Verschärfung der unterschiedlichen Leistungskraft. „Auf die Begünstigung des örtlichen Wachstums gerichtete einzelgemeindliche debt management-Strategien könnten also unter Umständen funktionieren, jedoch einen gesamtgemeindlich oder besser raumwirtschaftlich unerwünschten Effekt haben, sie können daher insgesamt nicht empfohlen werden[24]." Damit ergibt sich aber auch bei den Gemeinden keine grundsätzlich andere Einschätzung der Lastverteilungsfunktion. Sie bleibt auf die Verteilung von Ausgabestößen beschränkt.

3. Einnahmefunktion

Gibt es für die Einnahmebeschaffung der Gemeinden mittels Kreditaufnahme eine eigenständige Begründung, über die bisher behandelten Funktionen hinaus?

Auch bei den Gemeinden erscheint die Kreditaufnahme nicht dazu geeignet, dauerhaft fehlende sonstige Einnahmen zu ersetzen oder an deren Stelle zu treten. Im Laufe der Zeit nehmen nämlich die Zinsausgaben einen immer größeren Teil der jährlichen Kreditaufnahme in Anspruch und es bleibt auf Dauer kein zusätzlicher finanzieller Spielraum aus der Kreditaufnahme übrig. Das gilt insbesondere auch, weil die Lastverteilungs- und die Überbrückungsfunktion bei den Gemeinden wohl eher eine Kreditaufnahme erfordern als beim Bund oder bei den Ländern und schon von daher mit einer gewissen Zinsbelastung zu rechnen ist. Daneben gilt selbstverständlich auch bei den Gemeinden, daß unter Vollbeschäftigungsbedin-

[24] Klein, R. R.: Kommunale Schuldenpolitik, S. 147.

gungen und der Annahme eines stabilen privaten Sektors die staatliche Kreditaufnahme tendenziell mehr die privaten Investitionen trifft als eine Finanzierung über Steuern oder Gebühren. Es kann deswegen auch nicht Gegenstand einer rationalen Politik sein, einen chronischen Mangel an Deckungsmitteln ständig durch Schuldeinnahmen auszugleichen[25]. Nur eine Anpassung der Einnahmen an den mittelfristigen Ausgabenbedarf löst dauerhaft die Finanzierungssorgen der Gemeinden.

Diese grundsätzliche Betrachtung schließt allerdings nicht aus, daß gegenwärtig „das haushaltswirtschaftliche Ziel der Bedarfsdeckung auch über Kredite im Vordergrund der Überlegungen" steht[26]. Es ist hier nicht der Ort, darüber zu diskutieren, ob die Finanzausstattung der Gemeinden dazu ausreicht, ihren Aufgaben gerecht zu werden[27]. Sollte dies aber nicht der Fall sein, und ermöglicht im Augenblick nur die Kreditaufnahme eine annehmbare Versorgung der Gemeindebürger, so muß in der Zukunft mit einer schlechteren Aufgabenerfüllung durch die Gemeinden gerechnet werden. Angesichts der geringen Möglichkeiten der Gemeinden, ihre eigenen Einnahmen zu gestalten[28], läßt sich nämlich eine erhöhte finanzwirtschaftliche Belastung aus der Kreditaufnahme nur über eine schlechtere Aufgabenerfüllung auffangen.

D. Grenzen für die Kreditaufnahme der Gemeinde als „Einzelwirtschaft"

Die vornehmlich einzelwirtschaftliche Interessenlage der Gemeinden und deren einzelwirtschaftliches Verhalten legen es nahe, auch die Grenzen der Kreditaufnahme nach einzel-

---

[25] Vgl. Reichert, H.: Schuldeinnahmen als Bestreitungsmittel gemeindlicher Ausgaben, Diss. Tübingen 1971, S. 262.

[26] Klein, R. R.: Kommunale Schuldenpolitik, S. 118.

[27] Vgl. dazu Zielinski, H.: Diskrepanz zwischen Aufgabenentwicklung und Finanzierung in den Gemeinden, Schriften der Kommission für wirtschaftlichen und sozialen Wandel, Band 40, Göttingen 1975.

[28] Vgl. Klein, R. R.: Kommunale Schuldenpolitik, S. 55, der aus diesem Grund zu dem Ergebnis kommt, daß nur über die Kreditaufnahme den Gemeinden ein Stück Einnahmehoheit erhalten bleiben kann.

wirtschaftlichen Gesichtspunkten zu bestimmen. Damit scheiden aber gleichzeitig gesamtwirtschaftliche Kriterien bei der Grenzziehung aus, wie sie bei Bund und Ländern etwa in Form der Preisentwicklung und der Orientierung an den Finanzierungsströmen bestehen. Aus einzelwirtschaftlicher Sicht, aber auch mit Rücksicht auf die Gesamtwirtschaft, liegt für die Gemeinden eine Grenze dort, wo die Kreditaufnahme über den Rahmen hinausgeht, der zur Sicherstellung einer stetigen Ausgabenentwicklung erforderlich ist. Das Bemühen um eine stetige Ausgabenentwicklung verhindert zumindest, auch wenn der Finanzbedarf und der Einnahmezufluß einer einzelnen Gemeinde vom allgemeinen Entwicklungstrend abweichen[29], daß die konjunkturellen Anstrengungen von Bund und Ländern durch das Gemeindeverhalten neutralisiert werden.

Bei der einzelnen Gemeinde bestimmt in erster Linie die jeweilige Kassenlage und damit die Haushaltssituation das Verhalten. Je besser die Kassenlage ist, um so mehr Ausgaben werden vorgenommen, um so größer ist auch die Bereitschaft zur Kreditaufnahme. Die geringen Gestaltungsmöglichkeiten auf der Einnahmenseite zwingen die Gemeinden letztlich auch dazu, Kreditverpflichtungen nur in einem Maße einzugehen, das sich innerhalb der Finanzierungsmöglichkeiten der Gemeinde und damit innerhalb des zukünftigen Finanzierungsspielraums bewegt. Entscheidend ist also für die Gemeinden, „ob der Schuldendienst aus den zukünftigen Einnahmen sichergestellt werden kann"[30]. Demnach ist die finanzwirtschaftliche Sicht bei den Gemeinden im Gegensatz zu Bund und Ländern dominierend, ein Hauptziel ist die Aufrechterhaltung der finanzwirtschaftlichen Liquidität[31].

Die zukünftige Liquidität einer Gemeinde, oder ganz allgemein jeder Wirtschaftseinheit, wird von der Entwicklung

---

[29] Vgl. Gloth, H.: Die Entwicklung des Kommunalkredites, Schriften des Instituts für das Spar-, Giro- und Kreditwesen an der Universität Bonn, hrsg. von Voigt, F., Band 36, Berlin 1967, S. 56.

[30] Zeitel, G.: Eigentümlichkeiten und Grenzen . . ., S. 450.

[31] Vgl. Bauer, H.: Grenzen der Gemeindeverschuldung, in: Grenzen der öffentlichen Verschuldung, Österreichisches Forschungsinstitut für Sparkassenwesen, Vierteljahres-Schriftenreihe, Heft 2, Wien 1977, S. 52.

der zukünftigen Einnahmen und Ausgaben bestimmt. Diese Entwicklung hat entscheidenden Einfluß auf die Höhe und Grenze der gemeindlichen Kreditaufnahme. Da aber die Einnahmen und die Ausgaben zusammen die Liquiditätslage einer Gemeinde gestalten, scheiden automatisch alle Kriterien zur Bestimmung der Kreditgrenzen aus, die weder die Einnahmen noch die Ausgaben berücksichtigen. Dies gilt etwa für den Schuldenstand je Gemeindeeinwohner[32], und für das Verhältnis zwischen Gemeindeschulden und Gemeindevermögen. Neben den Schwierigkeiten, das Gemeindevermögen zu bewerten, scheidet die Heranziehung des Vermögens als Sicherheit für Kreditverpflichtungen aus, weil höchstens ein Bruchteil des Gemeindevermögens einer eventuell notwendigen Veräußerung zugänglich ist[33]. Die Liquiditätsentwicklung einer Gemeinde und damit die Fähigkeit, den Zins- und Tilgungsdienst zu erfüllen, läßt sich auch nicht anhand einer Gegenüberstellung von Schuldendienst und bestimmten Einnahmen oder durch die Gegenüberstellung von Schuldendienst und bestimmten Ausgaben abschätzen[34]. Die isolierte Betrachtung von Einnahmen oder Ausgaben gibt jeweils nur über einen für die Liquidität bedeutsamen Teil Auskunft.

Aufgrund der verschiedenen Einwände gegenüber diesen Methoden haben Schreml und Dietl ein Verfahren entwickelt, das sowohl die Einnahmen als auch die Ausgaben berücksichtigt und deswegen grundsätzlich eher geeignet erscheint, als Maßstab für die Grenze der gemeindlichen Kreditaufnahme zu dienen[35]. Danach bestimmt der Überschuß der nachhaltigen, von Schwankungen bereinigten Einnahmen über die nachhaltigen, ebenfalls bereinigten Ausgaben die mögliche

---

[32] Vgl. Koch, K.: Maßstäbe für die gemeindliche Schuldenpolitik, Diss. Köln 1967, S. 150 ff., der sich im einzelnen kritisch mit diesem Maßstab auseinandersetzt.

[33] Vgl. Zeitel, G.: Eigentümlichkeiten und Grenzen . . ., S. 441.

[34] Vgl. zu einer derartigen Vorgehensweise Barocka, E.: Kommunalkredit und kommunale Finanzwirtschaft, Frankfurt 1958, S. 319 ff., sowie ausführlich Drenseck, H. P.: Grenzen kommunaler Schulden, WIBERA-Fachschriften, N. F., Band 2, Köln 1970, S. 31 ff.

[35] Vgl. Schreml, A., und Dietl, J.: Die Berechnung der gemeindlichen Schuldengrenze, Schriften des Bayerischen Prüfungsverbandes öffentlicher Kassen, Band 5, München 1960, S. 22 ff.

Kreditaufnahme. In Höhe des Überschusses können nämlich noch zusätzliche Zins- und Tilgungslasten finanziert werden.

Schreml und Dietl empfehlen allerdings den nachhaltigen Überschuß anhand des gegenwärtigen und vergangener Haushaltsjahre abzuleiten[36]. Eine solche Ausrichtung an den Ergebnissen der Vergangenheit erscheint aber nicht geeignet, brauchbare Anhaltspunkte für die zukünftige finanzielle Leistungsfähigkeit einer Gemeinde zu bestimmen. Diesem Nachteil begegnen Schreml und Dietl zwar durch einen Sicherheitsfaktor[37], der allerdings nichts an der grundsätzlichen Kritik ändert, Zukünftiges aus Vergangenheitswerten ablesen zu wollen[38]. „Denn je stärker sich die finanzwirtschaftlichen Gegebenheiten der Gemeinde verändern, desto weniger sind die Vergangenheitswerte in der Lage, über die Tragbarkeit von Zins- und Tilgungslasten Auskunft zu geben[39]."

Den besten Einblick in die zukünftige finanzielle Leistungsfähigkeit vermitteln deswegen zukunftsorientierte Daten, wie sie beispielsweise im Finanzplan einer Gemeinde enthalten sind. Der Finanzplan erfaßt über das laufende Haushaltsjahr hinaus die kommenden vier Jahre und gibt demzufolge über die wahrscheinliche finanzielle Lage der Gemeinde in dieser Zeit Auskunft. Eine Zeitspanne von vier Jahren reicht zwar nicht aus, um die Restlaufzeit aller bestehenden Kredite zu erfassen, da aber noch weiter in die Zukunft hineinreichende Daten ohnehin nur im Rahmen einer Grobplanung zu erfassen wären, kann auf weitergehende Angaben verzichtet werden[40]. Der Finanzplan erlaubt aber auf jeden Fall im Gegensatz zu

---

36 Vgl. Schreml, A., und Dietl, J.: Die Berechnung . . ., S. 24.

37 Vgl. ebenda, S. 48 ff.

38 Vgl. auch Zeitel, G.: Eigentümlichkeiten und Grenzen . . ., S. 454.

39 Hagemann, R.: Ansätze zur Neuformulierung gemeindlicher Schuldengrenzen, in: Zeitschrift für Wirtschafts- und Sozialwissenschaften, 96. Jg., Berlin 1977, S. 19.

40 Vgl. auch Ehrlicher, W., und andere: Die Auswirkungen der Gemeindehaushaltsreform auf die finanziellen Beziehungen zwischen Sparkassen und Gemeinden, Forschungsberichte Band 1, Hrsg. Gesellschaft zur Förderung der Wissenschaftlichen Forschung über das Spar- und Girowesen e. V., Stuttgart 1975, S. 114. Hier wird der Aussagewert der mittelfristigen Finanzplanung zumindest zu diesem Zweck angezweifelt.

retrospektiven Verfahren, zukunftsorientierte Verschuldensmaßstäbe zu verwenden[41].

Nach einem solchen Verschuldensmaßstab ist die Grenze der gemeindlichen Kreditaufnahme erreicht, wenn unter Berücksichtigung von Zins- und Tilgungslasten und unter der Beachtung allgemeiner Folgekosten im Gemeindehaushalt kein Überschuß mehr erreicht wird, wenn also keine freien Mittel mehr zur Verfügung stehen. Das heißt umgekehrt, eine Verschuldung ist so lange möglich, wie der Überschuß der Einnahmen über die Ausgaben noch zur Finanzierung zusätzlicher Zinsen, Tilgungen und Folgekosten ausreicht. Dieser finanzwirtschaftliche Spielraum sollte allerdings Kreditaufnahmen zur Verstetigung der Ausgaben, zur Vermeidung von Steuerfriktionen und zur Lastverteilung von Ausgabeschüben vorbehalten bleiben[42]. Sonst ist angesichts des einzelwirtschaftlichen Verhaltens der Gemeinden damit zu rechnen, daß die finanzwirtschaftliche Grenze relativ schnell erreicht ist.

E. Finanzwirtschaftliche Grenze und Konjunkturpolitik

In welchem Maße erlaubt die finanzwirtschaftliche Grenze der Kreditaufnahme eine Berücksichtigung konjunktureller Erfordernisse?

Wenn es tatsächlich gelingt, die Gemeinden zu einem stetigen Ausgabenverhalten zu bringen und gleichzeitig die nicht kreditären Gemeindeeinnahmen mittelfristig zur Erfüllung der Gemeindeausgaben ausreichen, so ließe sich auch bei einem finanzwirtschaftlich bestimmten Kreditspielraum ein prozyklisches Verhalten der Gemeinden vermeiden. Konjunkturpolitische Bemühungen, die über eine Verstetigung der Gemeindeausgaben hinausgehen, scheitern einerseits an der Interessenlage der einzelnen Gemeinde, andererseits aber

---

[41] Vgl. Hagemann, R.: Kommunale Finanzplanung im föderativen Staat, Finanzwissenschaftliche Schriften, Band 2, hrsg. von Schmidt, K., u. a., Frankfurt 1976, S. 42.

[42] Dies ist allerdings nur realistisch, wenn die nicht aus Krediten stammenden Einnahmen mittelfristig zur Finanzierung der Gemeindeaufgaben ausreichen.

auch an der finanzwirtschaftlich bestimmten Kreditgrenze. Gemeindliche Kreditaufnahmen, die über einen Ausgleich von Einnahmeausfällen in der Rezession hinausgehen, die also einer aktiven Konjunkturbelebung dienen könnten, müßten entweder dauerhaft den Gemeindehaushalt belasten oder aber bei einer späteren Tilgung zur Vernachlässigung sonstiger Gemeindeausgaben führen. Dies gilt zumindest dann, wenn man in der Hochkonjunktur überdurchschnittlich hohe Einnahmen unterstellt, die lediglich zur Tilgung der Kredite ausreichen, die die Einnahmeausfälle in der Rezession ersetzen sollten. Aus diesem Grund gehen Forderungen nach einem vor allem in der Rezession antizyklischen Verhalten der Gemeinden an dem vorbei, was von ihnen erwartet werden kann.

Wenn allerdings ein, schon als Fortschritt zu bezeichnendes, stetiges Verhalten der Gemeinden den Konjunkturpolitikern bei Bund und Ländern nicht genügt, so müssen diese Instanzen eigene Kredite aufnehmen und damit besondere Konjunkturprogramme unter Einbeziehung der Gemeinden finanzieren. Dies erscheint ohne weiteres möglich, zumal besonders die einzelwirtschaftliche Denkweise der Gemeinden deren Beteiligung erwarten läßt. Derartige Konjunkturprogramme sollten aber zweckmäßigerweise nicht auf neue Aufgaben abstellen, sondern nach Möglichkeit zur vorzeitigen Durchführung ohnehin geplanter Aktionen beitragen. Dies würde ohne Zweifel eine wirksame Mittelverwendung erleichtern.

Außerdem könnten der Bund oder die Länder Zins- und Kreditgarantien für die Gemeinden übernehmen, die das finanzwirtschaftliche Risiko konjunkturell bedingter Kreditaufnahmen vermindern[43]. Danach müßten der Bund und die Länder in all den Fällen für Zins und Tilgung aufkommen, in denen sich die Hoffnungen auf wieder normal fließende oder gar erhöhte Gemeindeeinnahmen nicht erfüllen. Garantien dieser Art könnten auch eine Verstetigung der Gemeindeausgaben erleichtern helfen, weil unter Umständen sogar die

---

[43] Vgl. Oberhauser, A.: Die konjunkturpolitische Koordinierung . . ., S. 221, sowie Zeitel, G.: Eigentümlichkeiten und Grenzen . . ., S. 449.

Kreditaufnahme zum Ausgleich von Einnahmeausfällen ein zu hohes finanzwirtschaftliches Risiko für die eine oder andere Gemeinde darstellen könnte[44]. Konjunkturpolitische Maßnahmen führen generell nur dann zur Einbeziehung der Gemeinden, wenn sie deren einzelwirtschaftliche Denkweise berücksichtigen und damit in das gemeindliche Kalkulationsschema passen. Das heißt aber in erster Linie, daß sie das finanzwirtschaftliche Risiko für die einzelne Gemeinde vermindern oder ganz beseitigen müssen[45].

F. Zur Analogie von Unternehmen und Gemeinden

Es ist bereits mehrmals in dieser Arbeit auf den einzelwirtschaftlichen Charakter der Gemeinden hingewiesen worden. Aus diesem Grund erscheint also auch eine gewisse Parallelität zwischen der Einzelwirtschaft Gemeinde und der Einzelwirtschaft Unternehmen naheliegend. Lassen sich damit auch betriebswirtschaftliche Finanzierungsregeln auf die Gemeinden übertragen?

In der Betriebswirtschaftslehre wird unter Rentabilitätsgesichtspunkten ein Austausch von Eigen- durch Fremdkapital so lange als zweckmäßig angesehen, wie eine positive Differenz zwischen der Rendite des Gesamtkapitals eines Unternehmens und dem Fremdkapitalzins besteht[46]. Solange eine derartige Differenz vorliegt, erhöht sich nämlich die Rentabilität des Eigenkapitals.

Der Fremdkapitalzins läßt sich auch bei den Gemeinden ohne weiteres ermitteln. Wie hoch aber die Rendite des Gesamtkapitals oder wie hoch die Rendite des gesamten Staatshaushalts oder eines Gemeindehaushalts ist, läßt sich kaum messen. Ein Wesensmerkmal der Staatsaufgaben ist nämlich, daß sie im Normalfall nicht oder nur teilweise nach Marktkriterien zu beurteilen sind. Der überwiegende Teil ist poli-

---

44 Vgl. Sachverständigenrat: Jahresgutachten 1968, Ziffer 333.

45 Vgl. zu diesen Fragen auch Klein, R. R.: Kommunale Schuldenpolitik, S. 203 ff.

46 Vgl. Gutenberg, E.: Grundlagen der Betriebswirtschaftslehre, 3. Band, Die Finanzen, 6. Auflage, Heidelberg 1973, S. 184.

tisch bestimmt und entzieht sich deswegen auch einer Beurteilung anhand von Gewinnen oder Renditen. Im übrigen streben weder der Gesamtstaat noch die Gemeinden nach Gewinnmaximierung oder nach einer hohen Rendite, sie haben vielmehr die ihnen gestellten Aufgaben zu erfüllen. Betriebswirtschaftliche Kreditfinanzierungsregeln, die sich an der Rendite ausrichten, scheiden aus diesen Gründen auch für eine Anwendung bei den Gemeinden oder beim Gesamtstaat aus.

Neben dem Streben nach Rentabilität bestimmt die Erhaltung des finanziellen Gleichgewichts, also die Erhaltung der Liquidität das unternehmerische Verhalten. „Die allgemeine Voraussetzung aller finanzwirtschaftlichen Maßnahmen, welchen Wirtschaftssystemen die Betriebe auch immer angehören mögen, bildet die Aufrechterhaltung des finanziellen Gleichgewichts[47]." Zweifelsohne ist die Liquiditätssicherung auch für die Gemeinden eine wichtige Voraussetzung zur Aufgabenerfüllung. Finanzierungsregeln, die bei den Unternehmen der Liquiditätserhaltung dienen, müßten also auch für die Gemeinden oder für den Staat insgesamt von Bedeutung sein.

Die Betriebswirtschaftslehre hat aber bestätigt, daß es wissenschaftlich fundierte Grundsätze für die Begründung der Objektbindung nicht geben kann[48]. So setzt auch bei den Unternehmen das finanzielle Gleichgewicht keine Bindung von Kapitalquellen an Kapitalverwendungen voraus[49]. Damit scheidet aber gleichzeitig die Möglichkeit aus, etwa die Objektbindung des öffentlichen Kredits mit einer Berufung auf privatwirtschaftliche Finanzierungsregeln zu rechtfertigen[50], ganz abgesehen davon, daß gerade die Objektbindung noch aus anderen Gründen negativ zu beurteilen ist[51].

---

47 Gutenberg, E.: Die Finanzen, S. 272.

48 Vgl. Härle, D.: Finanzierungsregeln und ihre Problematik, Schriftenreihe für Kreditwirtschaft und Finanzierung, Band 4, hrsg. von Hagenmüller, K. F., Wiesbaden 1961, S. 154.

49 Vgl. Gutenberg, E.: Die Finanzen, S. 272.

50 Vgl. Kitterer, W.: Die Problematik der Objektbezogenheit des öffentlichen Kredites nach Art. 115 Abs. 1 GG, in: Die öffentliche Verwaltung, 28. Jg., Heft 1 - 2, Stuttgart 1975, S. 26.

51 Vgl. Kapitel 2 F 2 dieser Arbeit, S. 88 ff.

Entscheidend für die Liquiditätserhaltung ist eine Übereinstimmung von Einzahlungen und Auszahlungen, dabei ist es vollkommen gleichgültig, welcher Art diese Ein- und Auszahlungen sind. Es kommt allein auf das Gesamtverhalten einer Wirtschaftseinheit an, und nicht auf bestimmte Relationen zwischen Kapitalaufbringung und Kapitalverwendung.

Eine Analogie zwischen Unternehmen und Gemeinden besteht also bezüglich des einzelwirtschaftlichen Verhaltens, scheitert aber im Hinblick auf Regeln zur Kreditfinanzierung, weil eine Orientierung an Rentabilitätskriterien nicht auf den Staat übertragbar ist und weil aus Liquiditätsüberlegungen heraus keine geeigneten Regeln erkennbar sind.

G. Schlußfolgerungen für die Gemeinden

Gesamtwirtschaftliche Kriterien scheiden für die Bestimmung gemeindlicher Kreditgrenzen aus[52]. Der besonderen Lage der einzelnen Gemeinde entspricht besser eine finanzwirtschaftliche Begrenzung der Kreditaufnahme. Solange sich die Kreditaufnahme in einem solchen Rahmen auf die Situationen beschränkt, in denen sie anderen Finanzierungsarten überlegen ist, ergeben sich unter normalen Bedingungen auch keine wesentlichen Reibungsflächen mit den Kreditrichtlinien die für den Gesamtstaat gelten. Die gemeindliche Kreditgrenze ist als erreicht anzusehen, wenn die Entwicklung der zukünftigen Einnahmen und Ausgaben keinen Spielraum zur Finanzierung zusätzlicher Zinsen, Tilgungen und Folgekosten eröffnet.

Die Kreditaufnahme der Gemeinden kann grundsätzlich mit den gleichen Funktionen und Argumenten gerechtfertigt werden, wie bei Bund und Ländern. Lediglich die Gewichte der einzelnen Argumente verschieben sich. Die Stabilisierungsfunktion verliert relativ an Bedeutung, während die Überbrückungsfunktion und die Lastverteilungsfunktion eine größere Rolle als beim Gesamtstaat spielen. Der Gemeindekredit

---

[52] Vgl. Zeitel, G.: Kommunale Finanzstruktur und gemeindliche Selbstverwaltung, in: Archiv für Kommunalwissenschaften, 9. Jg., Stuttgart 1970, S. 17.

kann auch konjunkturpolitischen Zielen dienen, wenn die hierfür verantwortlichen Instanzen, also Bund und Länder, entsprechende Anreize für die Gemeinden schaffen. Diese Anreize müssen in erster Linie in einer Verminderung des finanzwirtschaftlichen Risikos konjunkturell bedingter Kreditaufnahmen liegen.

Trotz des einzelwirtschaftlichen Charakters der Gemeinden eignen sich betriebswirtschaftliche Regeln zur Kreditfinanzierung nicht zur Anwendung bei den Gemeinden. Rentabilitätskriterien scheiden aus, weil sich die Gemeindetätigkeit derartigen Maßstäben weitgehend entzieht. Die Erhaltung der Liquidität ist hingegen zwar auch für die Gemeinden wichtig, hieraus lassen sich aber auch in der Betriebswirtschaft keine fundierten Konsequenzen für eine Objektbindung ziehen.

Literaturverzeichnis

ALBERS, W.: Haushaltsrechtliche Grundlagen und elastische Durchführung einer konjunkturgerechten Finanzpolitik, in: Probleme der Haushalts- und Finanzplanung, Schriften des Vereins für Socialpolitik, N. F., Band 52, hrsg. von Haller, H., Berlin 1969, S. 77 ff.

— Staatsverschuldung und Geld- und Kreditpolitik, in: Finanzarchiv, N. F., Band 21, Tübingen 1961, S. 25 ff.

ANDEL, N.: Probleme der Staatsschuldentilgung, Finanzwissenschaftliche Forschungsarbeiten, N. F., Heft 30, hrsg. von Schmölders, G., Berlin 1964.

— Zur These von den unsozialen Verteilungswirkungen öffentlicher Schulden, in: Public Finance, Band 24, 1969, S. 69 ff.

BAROCKA, E.: Kommunalkredit und kommunale Finanzwirtschaft, Frankfurt 1958.

BARTEL, K.: Öffentliche Infrastruktur oder privates Vermögen, Volkswirtschaftliche Schriften, Heft 223, hrsg. von Broermann, J., Berlin 1975.

— Öffentliche Schuld und privates Vermögen, in: Ordo, Band 23, Düsseldorf 1972, S. 161 ff.

BARTH, H. J.: Potentialorientierte Verschuldung, in: Quartalshefte, Girozentrale und Bank der österreichischen Sparkassen, 11. Jg., Heft 4, Wien 1976, S. 37 ff.

BAUER, H.: Grenzen der Gemeindeverschuldung, in: Grenzen der öffentlichen Verschuldung, Österreichisches Forschungsinstitut für Sparkassenwesen, Vierteljahres-Schriftenreihe, Heft 2, Wien 1977, S. 45 ff.

BERG, G.: Grenzen der öffentlichen Verschuldung, in: Wirtschaftsdienst, 55. Jg., Heft 11, Hamburg 1975, S. 569 ff.

BEYFUSS, J.: Gesamtwirtschaftliche Probleme der Staatsverschuldung, Beiträge zur Wirtschafts- und Sozialpolitik, Institut der deutschen Wirtschaft, Heft 33, Köln 1976.

BIEHL, D.: Anatomie einer „Krise", Kieler Diskussionsbeiträge, Nr. 41, Institut für Weltwirtschaft, Kiel 1975.

BOMBACH, G.: Konsum oder Investitionen für die Zukunft?, in: Aufgabe Zukunft: Qualität des Lebens, Band 7, Qualitatives Wachstum, Frankfurt 1973, S. 38 ff.

BORCHERT, M., und SCHULZ, H.: Die Finanzierung staatlicher Defizite, in: Wirtschaftsdienst, 55. Jg., Heft 12, Hamburg 1975, S. 615 ff.

BRUNNER, L.: Grenzen der Staatsverschuldung, Zürich 1955.

BUCHANAN, J. M.: Public principles of public debt, Homewood 1958.

Bundesfinanzministerium (Hrsg.): Finanzbericht 1969, Bonn 1969.

— Finanzbericht 1977, Bonn 1977.

— Finanzbericht 1978, Bonn 1977.

— Finanzbericht 1979, Bonn 1978.

— Sind Schulden vernünftig?, Bonn 1976.

BURKHEISER, K.: Grenzen des Staatskredits, Berlin 1937.

CARLSON, K. M., und SPENCER, R. W.: Crowding Out and Its Critics, in: Federal Reserve Bank of St. Louis, Band 57, Nr. 12, St. Louis 1975, S. 2 ff.

CLAUSS, F. J.: Sparen, Investieren und öffentliche Defizite in der jüngsten Rezession in USA, in: ifo-Schnelldienst, 29. Jg., Heft 14, München 1976, S. 7 ff.

Deutsche Bundesbank: Geschäftsbericht der Deutschen Bundesbank für das Jahr 1971, Frankfurt 1972.

— Geschäftsbericht der Deutschen Bundesbank für das Jahr 1975, Frankfurt 1976.

— Geschäftsbericht der Deutschen Bundesbank für das Jahr 1976, Frankfurt 1977.

— Monatsberichte verschiedener Monate und Jahrgänge.

— Zahlenübersichten und methodische Erläuterungen zur gesamtwirtschaftlichen Finanzierungsrechnung der Deutschen Bundesbank 1950 - 1974, Sonderdruck, Frankfurt 1975.

DICKERTMANN, D.: Die Finanzierung von Eventualhaushalten durch Notenbankkredit, Finanzwissenschaftliche Forschungsarbeiten, N. F., Heft 42, hrsg. von Schmölders, G., Berlin 1972.

DICKERTMANN, D., und BERGER, P. J.: Technik der Öffentlichen Schuld: Schuldformen, WISU — Studienblatt 1, Beilage zur Zeitschrift: Das Wirtschaftsstudium, Heft 1, Tübingen 1977.

DIECKHEUER, G.: Möglichkeiten und Risiken einer kreditfinanzierten Stabilisierungspolitik, in: Wirtschaftsdienst, 58. Jg., Heft 11, Hamburg 1977, S. 553 ff.

— Staatsverschuldung und wirtschaftliche Stabilisierung, Schriften zur öffentlichen Verwaltung und öffentlichen Wirtschaft, Band 21, hrsg. von Eichhorn, P., und Friedrich, P., Baden-Baden 1978.

DOMAR, E. D.: The „burden of the debt" and the national income, in: American Economic Review, Band 34, 1944, S. 798 ff.

— Public debt and national income, in: Public finance and full employment, postwar economic studies, no 3, Washington D. C. 1945, S. 53 ff.

DREISSIG, W.: Zur Neuregelung der Kreditfinanzierung im Haushaltsrecht der BRD, in: Finanzarchiv, N. F., Band 29, Tübingen 1970, S. 499 ff.

DRENSECK, H. P.: Grenzen kommunaler Schulden, WIBERA-Fachschriften, N. F., Band 2, Köln 1970.

EHRLICHER, W.: Das strukturelle Defizit, in: Wirtschaftsdienst, 55. Jg., Heft 11, Hamburg 1975, S. 449 ff.

— Grenzen der steuerlichen Belastbarkeit des Produktivvermögens, Wirtschaftspolitische Kolloquien der Adolf-Weber-Stiftung, Berlin 1977.

— Die Neuverschuldung der Gebietskörperschaften im Jahre 1975, in: Kredit und Kapital, 8. Jg., Berlin 1975, S. 161 ff.

EHRLICHER, W., und andere: Die Auswirkungen der Gemeindehaushaltsreform auf die finanziellen Beziehungen zwischen Sparkassen und Gemeinden, Forschungsberichte Band 1, (Hrsg.) Gesellschaft zur Förderung der Wissenschaftlichen Forschung über das Spar- und Girowesen e.V., Stuttgart 1975.

EMMINGER, O.: Dollar-Interventionen und Geldpolitik, in: Frankfurter Allgemeine Zeitung vom 4. 4. 1978, S. 13.

EPPING, G., und SCHMIDTMEIER, W.: Zinsempfindlichkeit der öffentlichen Hand und Finanzreform, Speyerer Arbeitshefte Nr. 11, Speyer 1976.

GANDENBERGER, O.: Ist es möglich, durch die Aufnahme von öffentlichem Kredit die Last einer Ausgabe in die Zukunft zu verschieben?, in: Jahrbuch für Sozialwissenschaften, Band 21, Göttingen 1970, S. 87 ff.

— Der öffentliche Kredit in außerkonjunktureller Betrachtung, in: Quartalshefte, Girozentrale und Bank der österreichischen Sparkassen, 11. Jg., Heft 4, Wien 1976, S. 47 ff.

— Der öffentliche Kredit als Mittel zur Beeinflussung der zeitlichen Inzidenz von Staatsausgaben, in: Das Wirtschaftsstudium, Heft 7, Tübingen 1974, S. 333 ff.

— Öffentlicher Kredit und Einkommensverteilung, in: Finanzarchiv, N. F., Band 29, Tübingen 1970, S. 1 ff.

— Zur Messung der konjunkturellen Wirkungen öffentlicher Haushalte, Band 10 der Reihe Wirtschaft und Gesellschaft, hrsg. von Neumark, F., und Kloten, N., Tübingen 1973.

— Öffentliche Verschuldung, II: Theoretische Grundlagen, in: Handwörterbuch der Wirtschaftswissenschaft, 21. Lieferung, Neuauflage, hrsg. v. Albers, W. u. a., Stuttgart 1979, S. 480 - 504.

— Intertemporale Verteilungswirkungen der Staatsverschuldung, in: Probleme der Staatsverschuldung, Schriften des Vereins für Socialpolitik, N. F., Band 61, hrsg. von Haller, H., und Albers, W., Berlin 1972, S. 189 ff.

GANDENBERGER, O.: Die Wirkung des öffentlichen Kredits auf die Einkommensverteilung, in: Das Wirtschaftsstudium, Heft 8, Tübingen 1974, S. 383 ff.

— Ziele und Strategien der öffentlichen Schuldenpolitik, in: Finanzarchiv, N. F., Band 36, Tübingen 1977, S. 162 ff.

GLOTH, H.: Die Entwicklung des Kommunalkredites, Schriften des Instituts für das Spar-, Giro- und Kreditwesen an der Universität Bonn, Band 36, hrsg. von Voigt, F., Berlin 1967.

GÖRGENS, W.: Sollen die Investitionen des Staates durch Kredit finanziert werden?, in: RWI-Mitteilungen, 20. Jg., Essen 1969, S. 1 ff.

GÖTZ, G.: Die Schuldenpolitik der Länder, Dissertation, Mainz 1969.

GUTENBERG, E.: Grundlagen der Betriebswirtschaftslehre, 1. Band, Die Produktion, 21. Auflage, Berlin 1975.

— Grundlagen der Betriebswirtschaftslehre, 3. Band, Die Finanzen, 6. Auflage, Heidelberg 1973.

HÄRLE, D.: Finanzierungsregeln und ihre Problematik, Schriftenreihe für Kreditwirtschaft und Finanzierung, Band 4, hrsg. von Hagenmüller, K. F., Wiesbaden 1961.

HAGEMANN, R.: Ansätze zur Neuformulierung gemeindlicher Schuldengrenzen, in: Zeitschrift für Wirtschafts- und Sozialwissenschaften, 96. Jg., Berlin 1977, S. 15 ff.

— Kommunale Finanzplanung im föderativen Staat, Finanzwissenschaftliche Schriften, Band 2, hrsg. von Schmidt, K., u. a., Frankfurt 1976.

HALLER, H.: Finanzpolitik, 5. Auflage, Tübingen 1972.

— Neue Motivation der Staatsverschuldung, in: Finanz- und Geldpolitik im Umbruch, hrsg. von Haller, H., und Recktenwald, H. C., Mainz 1969, S. 301 ff.

HANSMEYER, K. H.: Der öffentliche Kredit, 2. Auflage, Frankfurt 1970.

— Gemeindliche Schuldaufnahme und wirtschaftliches Wachstum, in: Archiv für Kommunalwissenschaften, 4. Jg., Köln 1965, S. 197 ff.

HANSMEYER, K. H., und RÜRUP, B.: Staatswirtschaftliche Planungsinstrumente, 2. Auflage, Düsseldorf 1975.

HENKE, K. D.: Die Gültigkeit des Transferansatzes in der Rezession, Finanzarchiv, N. F., Band 37, Tübingen 1978, S. 440 ff.

— Öffentlicher Kredit und Infrastrukturfinanzierung, in: Quartalshefte, Girozentrale und Bank der österreichischen Sparkassen, 11. Jg., Heft 4, Wien 1976, S. 55 ff.

Henke, K. D.: Savings-Bonds als Instrument der Finanzpolitik, Finanzwissenschaftliche Forschungsarbeiten, N. F., Heft 39, hrsg. von Schmölders, G., Berlin 1971.

Hessler, K. D.: Gegenwartsprobleme staatlicher Anleihepolitik, Forschungsberichte des Landes Nordrhein-Westfalen, Nr. 1373, Köln 1964.

Hettlage, K. M.: Probleme der Staatsverschuldung in der Bundesrepublik Deutschland, in: ifo-Schnelldienst, 29. Jg., Nr. 20, München 1976, S. 10 ff.

Hoffmann, D. H.: Staatsverschuldung und Geldwertstabilität, in: Geldwertverschlechterung und Kapitalmarkt, Schriftenreihe des Instituts für Kapitalmarktforschung, Nr. 5, hrsg. von Bruns, G., und Häuser, K., Frankfurt 1972, S. 46 ff.

Hoppe, M.: Probleme der öffentlichen Verschuldung, Institut FSt., Heft 115, Bonn 1977.

Institut FSt., Brief 110: Zur Verfassungsmäßigkeit des Bundeshaushaltsentwurfs 1969, Bonn 1968.

— Brief 115: Zur Problematik der öffentlichen Verschuldung, Bonn 1969.

— Brief 144: Zur Einbeziehung der Gemeinden in die Konjunkturpolitik, Bonn 1974.

— Heft 92: Die Gesetzentwürfe zur Haushaltsreform, Bonn 1969.

Irmler, H.: Einige Gedanken zum Debt Management, in: Zeitschrift für das gesamte Kreditwesen, Heft 2, Frankfurt 1977, S. 7 ff.

— Aktuelle Kapitalmarktfragen, in: Der langfristige Kredit, 28. Jg., Heft 23, München 1977, S. 747 ff.

Kahrmann, R.: Zur Theorie und Empirie der kommunalen Schuld in der Bundesrepublik Deutschland, Dissertation, Freiburg (Schweiz) 1969.

Karl Bräuer Institut des Bundes der Steuerzahler: Rekorddefizite erfordern Begrenzung der öffentlichen Haushalte, Stellungnahme Nr. 11, Wiesbaden 1974.

Kitterer, W.: Die Problematik der Objektbezogenheit des öffentlichen Kredits nach Art. 115 Abs. 1 GG, in: Die öffentliche Verwaltung, 28. Jg., Heft 1 - 2, Stuttgart 1975, S. 23 ff.

Klein, R. R.: Kommunale Schuldenpolitik, Schriften des Deutschen Instituts für Urbanistik, Band 61, Köln 1977.

Klein, R. R., und Münstermann, E.: Gemeindefinanzbericht 1977, in: der städtetag, N. F., 30. Jg., Heft 1, Köln 1977.

— Gemeindefinanzbericht 1978, in: der städtetag, N. F., 31. Jg., Heft 1, Köln 1978.

Koch, H.: Maßstäbe für die gemeindliche Schuldenpolitik, Dissertation, Köln 1967.

Kolms, H.: Finanzwissenschaft IV, 2. Auflage, Berlin 1976.

Krajewski, L.: Schuldendiensthilfen als Finanzierungsinstrument im öffentlichen Haushalt, Schriften zur wirtschaftswissenschaftlichen Forschung, Band 100, Meisenheim am Glan 1975.

Lungstrass, R.: Der Zweckverband als Planungs- und Finanzierungsinstrument neuer öffentlicher Aufgaben — erläutert am Beispiel eines Abwasserzweckverbandes in Nordrhein-Westfalen, Nr. 2554, Opladen 1976.

Maurer, G.: Grenzen der Staatsverschuldung, in: Grenzen der öffentlichen Verschuldung, Vierteljahres-Schriftenreihe des österreichischen Forschungsinstituts für Sparkassenwesen, Heft 2, Wien 1977, S. 5 ff.

Meister, K.: Das Problem der Last in der Theorie der öffentlichen Schuld, Dissertation, Nürnberg 1967.

Milbradt, G. H.: Ziele und Strategien des debt management, Schriften zur öffentlichen Verwaltung und öffentlichen Wirtschaft, Band 4, hrsg. von Eichhorn, P., und Friedrich, P., Baden-Baden 1975.

Molitor, B.: Sind öffentliche Schulden vernünftig?, in: Der langfristige Kredit, 27. Jg., Heft 17, München 1976, S. 543 ff.

— Unsoziale Staatsverschuldung?, in: Wirtschaftsdienst, 51. Jg., Heft 1, Hamburg 1971, S. 23 ff.

Müller, R.: Die öffentliche Verschuldung als wirtschaftspolitisches Instrument, in: Ökonomische Fragen der öffentlichen Verwaltung I, hrsg. von Müller, R., und Röck, W., Baden-Baden 1976, S. 129 ff.

Musgrave, R. A.: Finanztheorie, 2. Auflage, Tübingen 1974.

— Theorie der öffentlichen Schuld, in: Handbuch der Finanzwissenschaft, 2. Auflage, 3. Band, hrsg. von Gerloff, W., und Neumark, F., Tübingen 1958, S. 68 ff.

Nachtkamp, H. H.: Mehrjährige Finanzierungsplanungen und mittelfristige Zielprojektionen der Bundesregierung, Schriften zur öffentlichen Verwaltung und öffentlichen Wirtschaft, Band 7, hrsg. von Eichhorn, P., und Friedrich, P., Baden-Baden 1976.

Neumark, F.: Die Finanzierung wachsender Staatsausgaben, in: Der Staatssektor in der sozialen Marktwirtschaft, Schriftenreihe der Hochschule Speyer, Band 59, hrsg. von Duwendag, D., Berlin 1976, S. 89 ff.

NEUMARK, F.: Grundsätze und Arten der Haushaltsführung und Finanzbedarfsdeckung, in: Handbuch der Finanzwissenschaft, 2. Auflage, 1. Band, hrsg. von Gerloff, W., und Neumark, F., Tübingen 1952, S. 606 ff.

— Die Problematik der Grenzen des Staatskredits, in: Zeitschrift für Nationalökonomie, Band XII, Wien 1949, S. 373 ff.

NOWOTNY, E.: Theoretische und wirtschaftspolitische Aspekte der Verschuldung der nachgeordneten Gebietskörperschaften, in: Quartalshefte, Girozentrale und Bank der österreichischen Sparkassen, 11. Jg., Heft 4, Wien 1976, S. 87 ff.

OBERHAUSER, A.: Gewinnorientierte Einkommenspolitik und Staatsverschuldung, in: Theorie und Praxis des finanzpolitischen Interventionismus, Fritz Neumark zum 70. Geburtstag, hrsg. von Haller, H., u. a., Tübingen 1970, S. 529 ff.

— Die konjunkturpolitische Koordinierung der öffentlichen Finanzwirtschaften und ihre finanz- und haushaltsrechtlichen Voraussetzungen, in: Probleme der Haushalts- und Finanzplanung, Schriften des Vereins für Socialpolitik, N. F., Band 52, hrsg. von Haller, H., Berlin 1969, S. 111 ff.

Ohne Verfasserangabe: Bundesbankgesetz, BGBl. I 1957, S. 745 ff.

— Bundeshaushaltsordnung, BGBl. I 1969, S. 1284 ff.

— Gesetz zur Förderung der Stabilität und des Wachstums der Wirtschaft, BGBl. I 1967, S. 582 ff.

— Haushaltsgrundsätzegesetz, BGBl. I 1969, S. 1273 ff.

— Stützel: Staat ist falsch verschuldet, in: Handelsblatt vom 16. 5. 1977, S. 1.

PÖHL, K. O.: Verschuldung des Bundes am Kapitalmarkt, Manuskript eines Vortrages beim Institut für Kapitalmarktforschung in Frankfurt, gehalten am 20. 11. 1975.

POHMER, D.: Die Staatsverschuldung als Instrument der Verteilungspolitik, in: Probleme de Staatsverschuldung, Schriften des Vereins für Socialpolitik, N. F., Band 61, hrsg. von Haller, H., und Albers, W., Berlin 1972, S. 143 ff.

Präsidium des Bundes der Steuerzahler: Wieviel Schulden darf ein Staat machen?, Wiesbaden 1978.

RAABE, K. H.: Gesamtwirtschaftliche Prognosen und Projektionen als Hilfsmittel der Wirtschaftspolitik in der Bundesrepublik Deutschland, in: Allgemeines Statistisches Archiv, 53. Band, Göttingen 1974, S. 1 ff.

— Prognosen und Projektionen der kurzfristigen Wirtschaftsentwicklung, Texte des Bundeswirtschaftsministeriums, Bonn 1969.

— Projektionen der mittelfristigen Wirtschaftsentwicklung, Texte des Bundeswirtschaftsministeriums, Bonn 1969.

RAGOSS, K.: Ökonomische Wirkungen kommunaler Verschuldung, Dissertation, Hamburg 1974.

RAHMANN, B.: Grundlagen konjunkturbeeinflussender Haushaltspolitik, Berlin 1972.

RAHMEYER, F.: Ökonomische und politische Hemmnisse einer Erhöhung der Staatsquote, Köln 1975.

REICHERT, H.: Schuldeinnahmen als Bestreitungsmittel gemeindlicher Ausgaben, Dissertation, Tübingen 1971.

RICHEBÄCHER, K.: Währungen und Kreditmärkte, Nr. 64, Frankfurt 1975.

— Der Bumerang des Deficit Spending, in: Währungen und Kreditmärkte, Nr. 79, Frankfurt 1978.

ROSE, K.: Theorie der Außenwirtschaft, 7. Auflage, München 1978.

Sachverständigenrat zur Begutachtung der gesamtwirtschaftlichen Entwicklung, Jahresgutachten 1967.

— Jahresgutachten 1968.

— Jahresgutachten 1970.

— Jahresgutachten 1972.

— Jahresgutachten 1974.

— Jahresgutachten 1975.

— Jahresgutachten 1976/77.

— Jahresgutachten 1977/78.

— Jahresgutachten 1978/79.

SUTTER, U.: Wirkungen und Grenzen der Verschuldung nachgeordneter Gebietskörperschaften, in: Schmollers Jahrbuch für Wirtschafts- und Sozialwissenschaften, 90. Jg., Berlin 1970, S. 641 ff.

SCHERER, K.: Maßstäbe zur Beurteilung von konjunkturellen Wirkungen des öffentlichen Haushalts, Dissertation, Mainz 1977.

SCHLECHT, O.: Staatsverschuldung — ein Übel?, in: Bulletin des Presse- und Informationsamtes der Bundesregierung, Nr. 54, Mai 1968, S. 442 ff.

SCHMIDT, K.: Öffentliche Neuverschuldung in der Rezession, in: Öffentliche Verschuldung und Kapitalmakt, Schriftenreihe des Instituts für Kapitalmarktforschung, Band 13, hrsg. von Bruns, G., und Häuser, K., Frankfurt 1976, S. 45 ff.

— Die Steuerprogression, Veröffentlichungen der List Gesellschaft e.V., Band 20, Tübingen 1960.

SCHMIDT, K., und WILLE, E.: Die mehrjährige Finanzplanung, Wunsch und Wirklichkeit, Band 3 der Reihe Wirtschaft und Gesellschaft, hrsg. von Kloten, N., und Neumark, F., Tübingen 1970.

SCHMITZ, W.: Die antizyklische Konjunkturpolitik — eine Illusion, Frankfurt 1976.

SCHMÖLDERS, G.: Finanzpolitik, 3. Auflage, Heidelberg 1970.

— Grenzen der Staatsverschuldung, in: Zeitschrift für das gesamte Kreditwesen, 20. Jg., Heft 23, Frankfurt 1967, S. 14 ff.

SCHOENEBECK, W. M.: Möglichkeiten des Einsatzes der kommunalen Finanzen als Mittel der Konjunkturpolitik, Dissertation, Bonn 1973.

SCHREML, A., und DIETL, J.: Die Berechnung der gemeindlichen Schuldengrenze, Schiften des Bayerischen Prüfungsverbandes öffentlicher Kassen, Band 5, München 1960.

Statistisches Bundesamt: Statistisches Jahrbuch 1978, Wiesbaden 1978.

STERN, K., MÜNCH, P., und HANSMEYER, K. H.: Gesetz zur Förderung der Stabilität und des Wachstums der Wirtschaft, Kommentar, 2. Auflage, Stuttgart 1972.

STRAUSS, F. J.: Zur Kreditfinanzierung in der mehrjährigen Finanzplanung 1968 - 1972, in: Bulletin Nr. 109, Bonn 1968, S. 929 ff.

STUCKEN, R.: Finanzwissenschaftliche Deckungsgrundsätze, in: Probleme des öffentlichen Budgets, Schriften des Vereins für Socialpolitik, N. F., Band 31, hrsg. von Jecht, H., Berlin 1964, S. 49 ff.

— Unterschiede bei der Rücklagen- und Schuldenpolitik des Staates und der Gemeinden, in: Finanzarchiv, N. F., Band 20, Tübingen 1960, S. 93 ff.

STÜTZEL, W.: Ober- und Untergrenzen der öffentlichen Verschuldung, in: Kredit und Kapital, hrsg. von Ehrlicher, W., und Krümmel, H. J., 11. Jg., Heft 4, Bonn 1978, S. 429 ff.

THYM, W. R.: Öffentliche Ausgaben und öffentliche Schuld, Diss., Nürnberg 1968.

TIMM, H.: Gemeindefinanzpolitik in den Wachstumszyklen, in: Finanzarchiv, N. F., Band 28, Tübingen 1969, S. 441 ff.

VESPER, D.: Der Rückfall in die Neoklassik und die Folgen, in: Wirtschaftsdienst, 58. Jg., Heft 3, Hamburg 1978, S. 134 ff.

WILLEKE, F. U.: Kredit, öffentlicher, Geschichte, in: Handwörterbuch der Sozialwissenschaften, Band 6, Tübingen 1959, S. 324 ff.

WILMS, M.: Volkswirtschaftliche Wirkungen einer zunehmenden Staatsverschuldung, in: Wirtschaftsdienst, 58. Jg., Heft 9, Hamburg 1978, S. 439 ff.

WINKLER, E. G.: Aufgaben und Grenzen der gemeindlichen Kreditnahme, Schriftenreihe des Ifo-Instituts für Wirtschaftsforschung, Nr. 45, Berlin 1961.

Wissenschaftlicher Beirat beim Bundesministerium der Finanzen: Zur Lage und Entwicklung der Staatsfinanzen, Dokumentation des Bundesministeriums der Finanzen, 15/75, Bonn 1975.

Wissenschaftlicher Beirat beim Bundesministerium für Wirtschaft und Finanzen: Finanzierung eines höheren Staatsanteils am Sozialprodukt, Schriftenreihe des Bundesministeriums für Wirtschaft und Finanzen, Heft 20, Bonn 1972.

— Gutachten zur Aussagefähigkeit staatswirtschaftlicher Quoten, Bulletin Nr. 90, Bonn 1976.

Wissenschaftlicher Beirat beim Bundeswirtschaftsministerium: Fragen der Staatsverschuldung, Neumark, F., u. a., Frankfurt 1968.

Wittmann, W.: Einführung in die Finanzwissenschaft, 2. Auflage, III. Teil, Stuttgart 1976.

— Versuch einer volkswirtschaftlichen Theorie des öffentlichen Kredits, in: Jahrbücher für Nationalökonomie und Statistik, Band 179, Stuttgart 1966, S. 273 ff.

Zabel, G.: Mittelfristige Finanzplanung, in: Das rationale Budget, hrsg. von Hansmeyer, K. H., Köln 1971, S. 183 ff.

Zeitel, G.: Eigentümlichkeiten und Grenzen der Kommunalverschuldung, in: Finanzpolitik, hrsg. von Recktenwald, H. C., Köln 1969, S. 436 ff.

— Kommunale Finanzstruktur und gemeindliche Selbstverwaltung, in: Archiv für Kommunalwissenschaften, 9. Jg., Stutgart 1970, S. 1 ff.

Zielinski, H.: Diskrepanz zwischen Aufgabenentwicklung und Finanzierung in den Gemeinden, Schriften der Kommission für wirtschaftlichen und sozialen Wandel, Band 40, Göttingen 1975.

Zimmermann, H.: Der letzte „klassische" Deckungsgrundsatz, in: Finanzarchiv, N. F., Band 24, Tübingen 1965, S. 70 ff.

Zimmermann, H., und Henke, K. D.: Einführung in die Finanzwissenschaft, München 1975.

Zollmann, E. A.: Die Gemeindehaushaltsreform, Dissertation, Freiburg 1976.

Personenverzeichnis

Stichwortverzeichnis

VERÖFFENTLICHUNGEN DES FORSCHUNGSINSTITUTS FÜR WIRTSCHAFTSPOLITIK AN DER UNIVERSITÄT MAINZ

1. **Falsch und richtig planen.** Von Erich Welter.
2. **Schiene und Straße.** Von Walter Hamm.
3. **Patient — Arzt — Kasse.** Von Werner Bosch.
4. **Die Saarfrage.** Von Werner Bosch.
5. **Investionslenkung.** Von Ernst-Günter Vetter.
6. **Kollektivmonopole.** Von Werner Fricke.
7. **Die Drucksache.** Von Werner Fricke.
8. **Marktwirtschaft — Befehlswirtschaft.** Von Werner Bosch.
9. **Kollektiveigentum.** Von Walter Hamm.
10. **Der Staat als Kunde.** Von Erich Welter.
11. **Konstruktions- und Entwicklungsaufräge.** Von Armin Gutowski.
12. **Der Kostenpreis bei öffentlichen Aufträgen.** Von Helmut Diederich.
13. **Zentralisierung und Dezentralisierung des öffentlichen Einkaufs.** Von Werner Fricke.
14. **Die Ausschreibung.** Von Otto Gandenberger.
15. **Wirtschaftliche Weinbaupolitik.** Von Armin Gutowski.
16. **Was ist ein Unternehmen?** Von Otto Gandenberger.
17. **Preise als verkehrspolitisches Ordnungsinstrument.** Von Walter Hamm.
18. **Die gemeinwirtschaftlichen Grundsätze in der Tarifpolitik der Deutschen Bundespost.** Von German Wegmann.
19. **Vermögensstreuung.** Von Werner Bosch.
20. **Der Konsument und seine Vertretung.** Von Christa von Braunschweig.
21. **Verkehrspolitik in der SBZ.** Von Horst Demmler.
22. **Branchenbesonderheiten.** Von Hans H. Scheib.

23. **Verkehrswissenschaft.** Von A. F. Napp-Zinn.

24. **Das Finanzmonopol.** Von Otto Gandenberger.

25. **Konjunkturpolitik mit Fernmeldeinvestitionen?** Von Horst Schwedes.

26. **Kapazitätsabbau mit Staatshilfe.** Von Konrad Schulze-Gisevius.

27. **Der Bund am Kapitalmarkt.** Von Horst Schwedes.

28. **Politische Ökonomie staatlicher Preisinterventionen.** Von Dieter Schmidtchen.

29. **Binnenwasserstraßenpolitik.** Von Walter Hamm und Wolfgang Neumann.

30. **Das „Gemeinnützige Unternehmen" als Instrument der Wohnungspolitik.** Von Werner Nowak.

31. **Staatliche Regelungen für Immobilienmakler.** Von Günter Bonnet.

32. **Kassenpraxis und Privatpraxis.** Von Ulf Böge.

33. **Die Arzneimittelversorgung durch Apotheken.** Von Matthias J. Berger.

34. **Staatliche Preisaufsicht in der Kraftverkehrsversicherung.** Von Ulrich Rosenkranz.

35. **Das Arbeitsvermittlungsmonopol.** Von Gisela Rauschhofer.

36. **Der Wettbewerb in der Düngemittelindustrie der Bundesrepublik Deutschland.** Von Bruno Klein.

37. **Dezentrale Vermögensbildungsfonds.** Von Barbara Toillié.

38. **Gemeinschaftsunternehmen und Wettbewerb.** Von Günther M. Ackermann.

39. **Die Wettbewerbsverhältnisse auf dem Markt für elektronische Datenverarbeitungsanlagen in der Bundesrepublik Deutschland.** Von Andreas Rösner.

40. **Ausschließlichkeitsbindungen im Treibstoffvertrieb.** Von Ulrich Lange.

41. **Wettbewerb und Kapazitätsanpassung.** Von Klaus Opitz.

Die Bände 1 bis 24 sind im Verlag Quelle & Meyer, Heidelberg, erschienen. Ab Band 25 erscheint die Schriftenreihe im Verlag Duncker & Humblot, Berlin.